Osho

ALEGRIA

A felicidade que vem de dentro

Tradução
LEONARDO FREIRE

Editora Cultrix
SÃO PAULO

Título do original: *Joy – The Happiness that Comes from Within.*

Copyright © 2004 Osho International Foundation, www.osho.com.

Copyright da edição brasileira © 2005 Editora Pensamento-Cultrix Ltda.

2ª edição 2006.
12ª reimpressão 2022.

Todos os direitos reservados. Nenhuma parte deste livro pode ser reproduzida ou usada de qualquer forma ou por qualquer meio, eletrônico ou mecânico, inclusive fotocópias, gravações ou sistema de armazenamento em banco de dados, sem permissão por escrito, exceto nos casos de trechos curtos citados em resenhas críticas ou artigos de revistas.

OSHO é uma marca registrada da Osho International Foundation, usada com a devida permissão e licença.

Capa: Arte de Osho.

Texto criado a partir de excertos selecionados dos arquivos dos trabalhos originais do autor.

Quaisquer fotos, imagens ou arte final de Osho, pertencentes à Osho Foundation ou vinculadas a ela por copyright e fornecidas aos editores pela OIF, devem conter uma permissão explícita da Osho Foundation para seu uso.

A Editora Cultrix não se responsabiliza por eventuais mudanças ocorridas nos endereços convencionais ou eletrônicos citados neste livro.

Direitos de tradução para o Brasil adquiridos com exclusividade pela
EDITORA PENSAMENTO-CULTRIX LTDA.
Rua Dr. Mário Vicente, 368 – 04270-000 – São Paulo, SP – Fone: (11) 2066-9000
E-mail: atendimento@editoracultrix.com.br
http://www.editoracultrix.com.br
que se reserva a propriedade literária desta tradução.
Foi feito o depósito legal.

Sumário

PREFÁCIO 7

O QUE É FELICIDADE? 15
    Depende de Você 15
    Da Superfície ao Centro 19
    Mãos Vazias 28

EM BUSCA 33
    A Dualidade Fundamental 33
    Não Caráter, mas Consciência 37
    Perseguindo o Arco-Íris 41
    As Raízes da Infelicidade 51

DA AGONIA AO ÊXTASE 57
    O Entendimento é a Chave 57
    Pão e Circo 59
    O Êxtase é Rebelde 60
    Real ou Simbólico? 67
    Ser e Tornar-se 71

ENTENDENDO AS RAÍZES DA INFELICIDADE 77
(Respostas a perguntas)
    Como os seres humanos podem ser felizes e plenos? ... 77
    Por que é tão difícil perdoar e esquecer? 85

ALEGRIA

Por que fazemos tempestade em copo d'água 89

Alguém pode tirar essa infelicidade de mim? 96

Por que as pessoas fingem ser o que não são? 101

Como posso ser eu mesmo 103

Às vezes sinto que estou no inferno 107

O problema real é as pessoas não amarem a si mesmas? 113

Por que é tão difícil deixar para trás as coisas que nos causam
infelicidade? 118

Antes de se envolver em um relacionamento, a pessoa deveria
primeiro chegar a um acordo com a própria solidão? 126

Minha vida parece tão sem sentido e vazia 130

O que exatamente é o tédio? 133

Por que as pessoas usam drogas? 138

Como podemos ficar tão preocupados com nossa própria
felicidade enquanto há outros tantos problemas no mundo? 143

Por que estou sempre fantasiando sobre o futuro? 149

VIVA EM ALEGRIA 161

SOBRE **OSHO** 173

OSHO INTERNATIONAL MEDITATION RESORT 175

Prefácio

Deixe-me primeiro contar uma piada:

"Meu médico insistiu para que eu viesse ver o senhor", disse o paciente ao psiquiatra, "mas não sei o motivo, pois sou feliz no casamento, tenho um bom emprego, muitos amigos, nenhuma preocupação..."

"Hmmm", murmurou o psiquiatra, ajeitando seu caderno de anotações, "e há quanto tempo você está assim?"

A felicidade é inacreditável; parece que o ser humano não pode ser feliz. Se você fala de sua depressão, tristeza e infelicidade, todos acreditam; isso parece natural. Se você fala de sua felicidade, ninguém acredita em você — ela parece artificial.

Sigmund Freud, depois de quarenta anos de pesquisa sobre a mente humana, trabalhando com milhares de pessoas e observando milhares de mentes perturbadas, chegou à conclusão de que a felicidade é uma ficção: o ser humano não pode ser feliz. No máximo, podemos tornar as coisas um pouco mais confortáveis, e isso é tudo. No máximo, podemos diminuir um pouco a infelicidade, e isso é tudo, mas feliz? O ser humano não pode ser feliz.

Parece muito pessimista... mas, ao observar a humanidade, parece que é isso mesmo que acontece, parece que isso é um fato. Somente os seres humanos são infelizes; algo, lá no fundo, saiu errado.

ALEGRIA

Digo-lhe isso a partir da minha própria experiência: os seres humanos *podem* ser felizes, mais felizes do que os pássaros, mais felizes do que as árvores, mais felizes do que as estrelas, pois os seres humanos têm algo que nenhuma árvore, nenhum pássaro e nenhuma estrela têm. Eles têm consciência.

Mas, quando você tem consciência, duas alternativas são possíveis: ou você pode ficar feliz ou pode ficar infeliz. A escolha é sua. As árvores são simplesmente felizes porque não podem ser infelizes, a felicidade não é escolha delas; elas *têm* de ser felizes e não sabem como ser infelizes, pois não há alternativa para elas. Os pássaros cantando nas árvores estão felizes não porque escolheram ser felizes; eles estão simplesmente felizes por não conhecerem uma outra maneira de ser; sua felicidade é inconsciente, é simplesmente natural.

Os seres humanos podem ser imensamente felizes e imensamente infelizes e são livres para escolher. Essa liberdade é arriscada, é muito perigosa, pois *você* passa a ser responsável. E algo aconteceu com essa liberdade, algo deu errado. O ser humano está de ponta-cabeça.

As pessoas estão buscando a meditação, e ela só é necessária porque você não escolheu ser feliz. Se você tivesse escolhido ser feliz, não haveria necessidade de nenhuma meditação. A meditação é medicinal: se você está doente, o remédio é necessário. Uma vez que você comece a escolher a felicidade, uma vez que tenha decidido ser feliz, então nenhuma meditação será necessária, então a meditação começará a acontecer por conta própria.

Existem tantas religiões porque muitas pessoas estão infelizes. Uma pessoa feliz não precisa de religião, não precisa de nenhum templo, de nenhuma igreja, porque, para uma pessoa feliz, todo o universo é um templo, toda a existência é uma igreja. A pessoa feliz não tem uma atividade religiosa específica, pois toda a sua vida é religiosa. Tudo o que você faz com felicidade é uma prece; seu trabalho se torna uma devoção, sua própria respiração contém um intenso esplendor, uma graça.

Prefácio

A felicidade acontece quando você se encaixa na sua vida, quando se encaixa tão harmoniosamente que tudo o que está fazendo é a sua alegria. Então, de repente, você vem a saber que a meditação o segue. Se você gosta do trabalho que está fazendo, se gosta da maneira como está vivendo, então você é meditativo e nada o distrai. Quando se distrai, isso simplesmente mostra que você não está realmente interessado nessas coisas.

O professor fica dizendo aos alunos: "Prestem atenção ao que eu falo! Fiquem atentos!" Eles *estão* atentos, mas a alguma outra coisa. Um pássaro está cantando a plenos pulmões fora da sala de aula, e a criança está atenta ao pássaro. Ninguém pode dizer que ela não está atenta, ninguém pode dizer que ela não é meditativa, ninguém pode dizer que ela não está em profunda concentração; ela está! Na verdade, ela se esqueceu completamente do professor e das contas que o professor está fazendo no quadro-negro. A criança está completamente desatenta a tudo isso, mas está inteiramente possuída pelo pássaro e pelo seu canto. Mas o professor diz: "Fique atento! O que você está fazendo? Não se distraia!"

Na verdade, o professor está distraindo a criança! Ela *está* atenta, e essa atenção está acontecendo naturalmente. Ao escutar o pássaro, ela está feliz, e o professor a está distraindo. Ele diz: "Você não está prestando atenção", mas ele está dizendo uma mentira! A criança *estava* atenta; o pássaro era mais atraente para ela, então o que fazer? O professor não era tão atraente, as contas não despertavam interesse.

Não viemos para a terra para ser matemáticos. Algumas crianças não se interessarão pelo pássaro; o canto do pássaro pode ficar cada vez mais alto, mas elas prestarão atenção ao quadro-negro. Então a aritmética é para elas, e elas têm uma meditação, têm um estado meditativo natural quando o assunto é matemática.

Somos distraídos com preocupações artificiais: dinheiro, prestígio, poder... Ouvir os pássaros não lhe dará dinheiro. Ouvir os pássaros não lhe dará dinheiro, poder ou prestígio; observar uma borboleta não o ajudará econômica, política ou socialmente. Essas coisas não são lucrativas, mas o deixam feliz.

10 ALEGRIA

O ser humano de verdade toma coragem e se volta para as coisas que o deixam feliz. Se ele continuar pobre, tudo bem; ele não tem queixas, não tem rancor, e diz: "Escolhi meu caminho, escolhi os pássaros, as borboletas e as flores. Não posso ser rico materialmente, e tudo bem que seja assim! Sou rico porque sou feliz!" Mas os seres humanos ficaram de pernas para o ar.

Eu li:

> O velho Ted estava sentado na margem do rio havia algumas horas, sem que nenhum peixe mordesse o seu anzol. A combinação de várias garrafas de cerveja e o sol quente fizeram com que ele cochilasse, o que o deixou completamente despreparado quando um peixe mordeu a isca e puxou com força a linha, acordando-o. Ted se desequilibrou e, antes que pudesse se aprumar, viu-se dentro do rio.
>
> Um menino observava tudo com interesse e, enquanto o homem se debatia para sair da água, o garoto se voltou para o pai e perguntou: "Papai, aquele homem está pegando um peixe ou o peixe está pegando um homem?"

O ser humano ficou completamente de pernas para o ar. O peixe está apanhando e arrastando você; você não está apanhando o peixe. Sempre que você vê dinheiro à frente, deixa de ser você mesmo; sempre que vê poder ou prestígio, deixa de ser você mesmo; sempre que vê respeitabilidade, deixa de ser você mesmo. Imediatamente você se esquece de tudo, dos valores intrínsecos de sua vida, de sua felicidade, de sua alegria, de seu deleite. Você sempre escolhe algo de fora e o negocia com algo de dentro. Você ganha o exterior e perde o interior.

Mas o que você fará com isso? Mesmo se você tiver o mundo todo a seus pés, mesmo se conquistar todas as riquezas do mundo, mas perder a si mesmo, mas perder seu próprio tesouro interior, o que você irá fazer com suas riquezas? Essa é a infelicidade.

Prefácio

Se você puder aprender uma coisa apenas, que seja ficar alerta e consciente de suas próprias motivações interiores, de seu próprio destino interior. Nunca perca isso de vista, do contrário você será infeliz. E, quando você está infeliz, as pessoas dirão: "Medite e será feliz, reze e será feliz, vá ao templo, seja religioso, seja um cristão ou um hindu e você será feliz." Isso é tudo bobagem. Seja feliz e a meditação será uma conseqüência; seja feliz, e a religiosidade será uma conseqüência. A felicidade é a condição básica.

Mas as pessoas ficam religiosas somente quando estão infelizes; portanto, a religião delas é falsa. Tente entender por que você está infeliz. Muitas pessoas me procuram, dizem que estão infelizes e querem que eu lhes dê uma meditação. Eu digo que primeiro, o básico, é entender por que você está infeliz. Se você não eliminar as causas básicas de sua infelicidade, poderá meditar, mas isso não será de muita ajuda, pois as causas básicas continuarão presentes.

Alguém poderia ter sido um dançarino fantástico e está sentado em um escritório, empilhando arquivos. Não há possibilidade de dançar... Alguém poderia ter adorado dançar sob as estrelas, mas está simplesmente "engordando" sua conta bancária. E essas pessoas dizem que são infelizes: "Dê-me uma meditação!" Posso dar, mas o que essa meditação irá desencadear, o que se espera que ela faça? Elas permanecerão as mesmas pessoas, juntando dinheiro, competindo nos negócios... A meditação pode ajudar a torná-las um pouco mais relaxadas para que possam fazer essas tolices ainda melhor.

Você pode repetir um mantra, pode fazer uma determinada meditação; isso pode ajudá-lo um pouco aqui e ali, mas pode apenas ajudá-lo a continuar sendo o que você é. Isso não é uma transformação.

Daí minha abordagem ser para aqueles que são realmente ousados, para os atrevidos, que estão dispostos a mudar o próprio padrão de vida, que estão dispostos a arriscar tudo, porque, na verdade, você nada tem para colocar em jogo, apenas a sua infelicidade, a sua aflição. Mas as pessoas se apegam até mesmo a isso.

ALEGRIA

Eu ouvi:

Em um remoto campo de treinamento, um pelotão de recrutas tinha acabado de voltar ao alojamento depois de um dia de marcha sob um sol escaldante.

"Que vida!", disse um soldado novato. "Quilômetros no nada, um sargento que acha que é Átila, o Bárbaro, nenhuma mulher, nenhuma bebida alcoólica, nenhuma liberdade, e o pior de tudo, minhas botas são dois números menores..."

"Isso você não precisa aturar, meu chapa", disse seu vizinho. "Por que você não pede um outro par de botas?"

"Nem pensar", veio a resposta. "Tirá-las dos pés é o único prazer que tenho!"

O que mais você tem para colocar em jogo? Apenas a sua aflição. O único prazer que você tem é falar sobre ela. Observe as pessoas falando de seus tormentos, como elas ficam felizes! Elas pagam para isso, vão a psicoterapeutas para falar de suas aflições e pagam para isso! Alguém as escuta atentamente, e elas ficam muito felizes.

As pessoas falam de suas aflições repetidamente. Elas até mesmo exageram, as enfeitam, fazem com que pareçam maiores do que são, maiores do que seu tamanho natural. Por quê? Você nada tem para colocar em risco, exceto sua aflição, mas as pessoas se apegam ao conhecido, ao familiar. A aflição é tudo o que elas conhecem; essa é a vida delas. Nada a perder, mas com muito medo de perder.

Na minha visão, a felicidade vem primeiro, a alegria vem primeiro, uma atitude celebrativa vem primeiro, uma filosofia positiva de vida vem primeiro. Desfrute! Se você não puder desfrutar o seu trabalho, mude-o. Não espere, pois, ao esperar, você está esperando por algo que não existe e que, portanto, nunca virá. A pessoa espera e desperdiça a própria vida. Por quem, para que você está esperando?

Se você perceber o ponto, que está infeliz em um certo padrão de vida, então todas as velhas tradições dizem que *você* está errado, mas eu

Prefácio 13

gostaria de dizer que o *padrão* está errado. Tente entender a diferença de ênfase: você não está errado, apenas seu padrão, a maneira como você aprendeu a viver está errada. As motivações que você aprendeu e aceitou como suas não são suas, elas não preenchem seu destino e vão contra sua natureza, contra seu temperamento.

Lembre-se disto: ninguém mais pode decidir por você. Todos os seus mandamentos, todas as suas ordens, todas as suas moralidades existem apenas para mutilá-lo. Você precisa decidir por si mesmo, precisa tomar sua vida em suas próprias mãos. Se não for assim, a vida fica batendo à sua porta e você nunca está lá; estará sempre em algum outro lugar.

Se era para você ser dançarino, a vida vem a partir dessa porta, pois ela acha que você deve ser um dançarino a essa altura. Ela bate nessa porta, mas você não está ali; você é banqueiro. Como a vida poderia esperar que você se tornasse banqueiro? A vida vem a você da maneira como sua natureza queria que você fosse; ela conhece apenas esse endereço, mas você nunca é encontrado ali, pois está em algum outro lugar, escondendo-se por trás da máscara de outra pessoa, das vestimentas de outra pessoa, sob o nome de outra pessoa. A existência fica a procurá-lo; ela conhece o seu nome, mas você se esqueceu desse nome; ela conhece o seu endereço, mas você nunca viveu nesse endereço. Você deixou que o mundo o distraísse.

"Na noite passada, sonhei que eu era uma criança", Joe contava a Al, "e que tinha passe livre para todas as atrações da Disneylândia. Rapaz, que diversão! Eu nem precisava escolher o que fazer, pois fiz de tudo!"

"Interessante", comentou o amigo. "Também tive um sonho muito vívido na noite passada. Sonhei que uma linda loira bateu à minha porta e me cobriu de atenções. Depois, no meio da transa, entrou no meu quarto uma outra visitante, uma estupenda morena que também me queria!"

"Uau", interrompeu Joe. "Cara, adoraria estar lá! Por que você não me telefonou?"

14   ALEGRIA

"Eu telefonei", respondeu o outro, "mas sua mãe me disse que você tinha ido à Disneylândia!"

Seu destino pode encontrá-lo apenas de uma maneira, e essa é o seu florescimento interior, como a existência queria que você fosse. A menos que encontre a sua espontaneidade, a menos que encontre a sua natureza, você não pode ser feliz. E, se você não puder ser feliz, não poderá ser meditativo.

Por que surgiu esta idéia na mente das pessoas, a de que meditação traz felicidade? Na verdade, sempre que elas encontram uma pessoa feliz, encontram uma mente meditativa, e as duas coisas ficaram associadas. Sempre que elas encontram uma atmosfera bela e meditativa circundando uma pessoa, descobrem que essa pessoa é imensamente feliz, vibrante com um profundo bem-estar interior, radiante. Essas coisas ficam associadas, e as pessoas acham que a felicidade vem quando você é meditativo.

É justamente o contrário que acontece: a meditação vem quando você é feliz. Mas ser feliz é difícil, e aprender meditação é fácil. Ser feliz significa uma mudança drástica em seu modo de vida, uma mudança abrupta, pois não há tempo a perder; uma mudança repentina, uma descontinuidade, uma descontinuidade com o passado, um súbito estrondo de um trovão, e você morre para o velho e começa rejuvenescido do ABC. Você novamente começa a sua vida como teria feito se não houvesse nenhum padrão forçado sobre você pelos seus pais, pela sua sociedade, pelo Estado; como você teria feito, *deveria* ter feito, se não houvesse ninguém para distraí-lo. Mas você foi distraído.

Você precisa abandonar todos esses padrões que foram impostos sobre você e precisa descobrir sua própria chama interior.

O QUE É FELICIDADE?

*A felicidade nada tem a ver com o sucesso,
nada tem a ver com a ambição,
nada tem a ver com o dinheiro, o poder e o prestígio.
A felicidade tem a ver com a sua consciência,
e não com o seu caráter.*

DEPENDE DE VOCÊ

O que é felicidade? Depende de você, de seu estado de consciência ou de inconsciência, se você está adormecido ou desperto. Há um conceito famoso de Murphy; ele diz que existem dois tipos de pessoa: uma que sempre divide a humanidade em dois tipos, e outra que absolutamente não divide a humanidade. Eu pertenço ao primeiro tipo: a humanidade pode ser dividida em dois tipos, os adormecidos e os despertos e, é claro, um pequeno grupo entre os dois.

A felicidade depende de onde você está em sua consciência. Se você estiver adormecido, então o prazer é a felicidade. Prazer significa sensação, tentar alcançar algo por meio do corpo, algo que não é possível atingir por meio do corpo, forçando o corpo a alcançar algo que ele não é capaz de alcançar. De todas as maneiras, as pessoas estão tentando alcançar a felicidade por meio do corpo.

16   ALEGRIA

O corpo pode lhe dar apenas prazeres momentâneos, e cada prazer é equilibrado na mesma medida, no mesmo grau, pelo sofrimento. Cada prazer é seguido pelo seu oposto, pois o corpo existe no mundo da dualidade. Assim como o dia é seguido pela noite, a morte é seguida pela vida e a vida é seguida pela morte... Trata-se de um círculo vicioso. Seu prazer será seguido pela dor, sua dor será seguida pelo prazer, mas você nunca ficará à vontade. Quando você estiver em um estado de prazer, ficará com medo de perdê-lo, e esse medo o envenenará. E, quando você estiver perdido na dor, é claro, estará em sofrimento e fará todo o esforço possível para sair dele, apenas para voltar a ele mais tarde.

Buda chama a isso de roda do nascimento e da morte. Seguimos nos movendo nessa roda e nos apegamos a ela... e a roda segue em frente. Às vezes aflora o prazer, às vezes o sofrimento, mas somos esmagados entre essas duas rochas.

A pessoa adormecida não conhece mais nada além de algumas sensações do corpo: comida e sexo; esse é o seu mundo. Ela segue se movendo entre esses dois... Estes são os dois terminais de seu corpo: comida e sexo. Se ela reprime o sexo, fica viciada em comida; se ela reprime a comida, fica viciada em sexo. A energia segue se movendo como um pêndulo. No máximo, tudo o que você chama de prazer é apenas alívio de um estado tenso.

A energia sexual se junta, se acumula, e você fica tenso e pesado, desejando liberá-la. Para a pessoa adormecida, a sexualidade nada mais é do que um alívio, como um bom espirro. Ela nada lhe dá, exceto um certo alívio; havia uma tensão, e agora ela não está mais presente, mas ela se acumulará novamente. A comida lhe dá apenas um pequeno sabor na língua; não é muito para se viver. Mas muitas pessoas estão vivendo apenas para comer; há muito poucas pessoas que comem para viver.

A história de Colombo é bem conhecida. Era uma longa viagem; por três meses eles só viam água. Então, um dia, Colombo olhou o horizonte e viu árvores. E, se você acha que Colombo ficou feliz ao ver árvores, você deveria ver o cachorro dele!

O que é felicidade? *17*

Esse é o mundo do prazer. O cachorro pode ser perdoado, mas você não.

Durante o primeiro encontro, o jovem, procurando um jeito de se divertir, perguntou à jovem se ela queria jogar boliche, mas ela respondeu que não. Então ele sugeriu que eles fossem ao cinema, mas a resposta também foi negativa. Enquanto ele pensava no que mais sugerir, ofereceu a ela um cigarro, o qual ela recusou. Então ele perguntou se ela gostaria de ir dançar e beber alguma coisa em uma danceteria, mas novamente ela recusou, ao dizer que não estava a fim dessas coisas.

Desesperado, ele pediu para ela ir ao apartamento dele para uma noite de amor. Para sua surpresa, ela concordou com entusiasmo, beijou-o apaixonadamente e disse: "Veja, você não precisa de nenhuma daquelas outras coisas para se divertir!"

O que chamamos de "felicidade" depende da pessoa. Para a pessoa adormecida, sensações prazerosas são a felicidade; ela vive de prazer em prazer. Ela está simplesmente correndo de uma sensação a outra, vivendo de pequenas excitações; sua vida é muito superficial, não tem profundidade, não tem qualidade. Ela vive no mundo da quantidade.

E há pessoas que estão no meio, que não estão adormecidas nem despertas, que estão na orla, um pouco adormecidas e um pouco despertas. Às vezes você tem essa experiência na cama, no começo da manhã, ainda com sono, mas não pode dizer que está dormindo, pois pode ouvir os barulhos na casa; seu companheiro ou companheira preparando o café da manhã, o som da chaleira ou as crianças se aprontando para ir à escola. Você pode ouvir essas coisas, mas ainda assim não está acordado. Vagamente, indistintamente, esses sons chegam a você, como se houvesse uma grande distância entre você e tudo o que está acontecendo à sua volta. Dá a impressão de ainda ser parte de um sonho; não é parte de um sonho, mas você está no estado intermediário.

18 ALEGRIA

O mesmo acontece quando você começa a meditar. O não-meditador dorme e sonha; o meditador começa a se afastar do estado adormecido em direção ao estado desperto; ele está em um estado transitório. Então a felicidade tem um significado totalmente diferente: ela se torna mais uma qualidade e menos uma quantidade, é mais psicológica e menos fisiológica. O meditador desfruta mais a música, a poesia, desfruta criar alguma coisa, desfruta a natureza e sua beleza, o silêncio, desfruta o que nunca desfrutou antes, e isso é muito mais duradouro. Mesmo se a música cessar, algo se prolonga nele.

E a felicidade não é um alívio. A diferença entre o prazer e essa qualidade de felicidade é que essa última não é um alívio, mas um enriquecimento. Você fica mais repleto e começa a transbordar. Ao escutar uma boa música, algo se desencadeia em seu ser, uma harmonia surge em você; você se torna musical. Ou, ao dançar, subitamente você se esquece de seu corpo; ele fica leve, deixa de existir a força da gravidade sobre você; de repente você está em um espaço diferente: o ego não é mais tão sólido, o dançarino se dissolve e se funde na dança.

Isso é bem superior, bem mais profundo do que o prazer que você obtém da comida e do sexo; isso tem uma profundidade, mas também não é o final. O final acontece somente quando você está completamente desperto, quando você é um buda, quando todo o sono e o sonhar se foram, quando todo o seu ser estiver repleto de luz, quando não houver escuridão dentro de você. Toda a escuridão desapareceu e, com essa escuridão, o ego se foi; todas as tensões desapareceram, toda a angústia, toda a ansiedade. Você fica em um estado de total satisfação e vive no presente, sem mais nenhum passado e nenhum futuro. Você fica completamente no aqui e agora; este momento é tudo, o agora é o único tempo e o aqui é o único espaço. E então, de repente, todo o céu repousa sobre você. Esse é o estado de plenitude, a felicidade verdadeira.

Procure o estado de plenitude; ele é o seu direito inato. Não fique perdido na floresta dos prazeres; eleve-se um pouco mais, alcance a felicidade e, depois, a plenitude. O prazer é animal, a felicidade é humana, a plenitude é divina. O prazer o prende, o acorrenta; ele é uma escravidão. A felicidade lhe dá um pouco mais de corda, um pouco de liberdade, mas somente um pouco. A plenitude é a liberdade absoluta; você começa a se elevar, ela lhe dá asas. Você deixa de ser parte da terra grosseira e passa a ser parte do céu, você se torna luz, alegria.

O prazer depende dos outros; a felicidade não depende tanto dos outros, mas ainda está separada de você; o estado de plenitude não é dependente e também não está separado... ele é o seu próprio ser, a sua própria natureza.

DA SUPERFÍCIE AO CENTRO

Gautama Buda disse:

Existe o prazer e existe o estado de plenitude.
Esqueça-se do primeiro para ter o segundo.

Medite sobre isso o mais profundamente possível, pois essa mensagem contém uma das verdades mais fundamentais. É preciso compreender e ponderar sobre estes quatro estados. O primeiro é o prazer, o segundo é a felicidade, o terceiro é a alegria e o quarto é a plenitude.

O prazer é físico, fisiológico, é a coisa mais superficial na vida, é excitação agradável. Ele pode ser sexual e pode provir dos outros sentidos, pode se tornar uma obsessão por comida, mas está enraizado no corpo. O corpo é a sua periferia, a sua circunferência, e não o seu centro. E viver na circunferência é viver à mercê de todos os tipos de coisa que acontecem à sua volta. A pessoa que procura prazer permanece à mercê do acaso; é como as ondas no oceano, elas estão à mercê dos ventos. Quando há ventos fortes, as ondas acontecem; quando os ventos desaparecem, as ondas desaparecem. Elas não têm uma existência independente; elas são dependentes, e tudo o que depende de algo exterior a si mesmo cria escravidão.

O prazer depende do outro. Se você ama uma mulher, se esse é o seu prazer, então essa mulher se torna a sua patroa. Se você ama um homem, se esse é o seu prazer e você se sente infeliz, em desespero e triste sem ele, então criou uma escravidão para si mesma, criou uma prisão e não está mais em liberdade. Se você fica correndo atrás de dinheiro e de poder, então será dependente de dinheiro e de poder. A pessoa que fica acumulando dinheiro, se é o seu prazer ter cada vez mais dinheiro, torna-se cada vez mais infeliz, pois quanto mais ela tiver mais desejará e mais terá medo de perdê-lo.

Trata-se de uma espada de dois gumes: desejar mais é o primeiro gume da espada. Quanto mais você demandar, quanto mais você desejar, mais sentirá que algo está lhe faltando e mais oco, mais vazio aparentará para si mesmo. E o outro gume da espada é o de que quanto mais você tiver, mais terá medo de que lhe seja tirado; ele pode ser roubado, o banco pode falir, a situação política do país pode mudar, o país pode se tornar comunista... Existem mil e uma coisas das quais o seu dinheiro depende. Seu dinheiro não faz de você um mestre, mas um escravo.

O prazer é periférico, daí fatalmente depender de circunstâncias externas; e ele é apenas excitação agradável. Se a comida for prazer, o que realmente estará sendo desfrutado? Apenas o sabor; por um momento, quando o alimento passa pelas papilas gustativas da língua, você sente uma sensação que interpreta como prazer. Trata-se de sua interpretação; hoje pode parecer prazer, mas amanhã poderá não parecer; se você comer a mesma comida todos os dias, suas papilas gustativas deixarão de responder a ela favoravelmente, e logo você ficará saturado.

É assim que as pessoas ficam saturadas... Um dia você corre atrás de um homem ou de uma mulher e no dia seguinte está tentando encontrar uma desculpa para se livrar da mesma pessoa. A mesma pessoa; nada mudou! O que aconteceu nesse meio-tempo? Você enjoou do outro, pois todo o prazer estava em aventurar-se rumo ao novo. Agora o

O que é felicidade? *21*

outro não é mais novo, você se familiarizou com o território, se familiarizou com o corpo do outro, com as curvas de seu corpo, com a sensação do corpo. Agora a mente está ansiando por algo novo.

A mente sempre está ansiando por algo novo, e é dessa maneira que ela o mantém constantemente acorrentado em algum lugar no futuro, com esperança, mas nunca dá os benefícios, pois não pode dar. Ela pode apenas criar novas esperanças, novos desejos.

Assim como as folhas crescem nas árvores, os desejos e as esperanças crescem na mente. Você queria uma casa nova e agora a tem, mas onde está o prazer? Ele esteve presente apenas por um momento, quando você atingiu o seu objetivo; mas, ao atingi-lo, sua mente deixou de se interessar por ele e já começou a tecer novas teias de desejo, já começou a pensar em outra casa, em casas maiores... E o mesmo acontece a respeito de tudo.

O prazer o mantém em um estado neurótico, inquieto, deixando-o sempre em tumulto. Tantos desejos, e cada desejo é insaciável, clamando por atenção. Você permanece vítima de uma multidão de desejos insanos, insanos por serem irrealizáveis, e eles o arrastam a diferentes direções. Você se torna uma contradição; um desejo o leva para a esquerda, um outro para a direita, e simultaneamente você fica nutrindo ambos os desejos. E então você sente uma divisão, sente-se dividido, repartido, como se estivesse despedaçado. Ninguém mais é responsável; essa situação é criada por toda a estupidez de desejar o prazer.

E esse é um fenômeno complexo. Você não é o único que está procurando prazer; milhões de pessoas como você estão procurando os mesmos prazeres. Daí haver uma grande batalha, competição, violência, guerra... Todos se tornaram inimigos uns dos outros, pois estão todos procurando o mesmo objetivo, e nem todos podem atingi-lo. Daí a batalha precisar ser total; você precisa arriscar tudo, e para nada, porque, quando você ganha, não ganha nada. Toda a sua vida é desperdiçada nessa batalha; uma vida que poderia ter sido uma celebração se torna uma batalha longa, prolongada e desnecessária.

22 ALEGRIA

Quando você está excessivamente atrás de prazeres, você não pode amar, pois a pessoa que procura prazer usa o outro como um meio. Esse é um dos atos mais imorais possíveis, pois cada ser é um fim em si mesmo, e você não pode usar o outro como um meio. Mas, na busca do prazer, você precisa usar o outro como um meio; você fica ladino, pois se trata de uma enorme batalha. Se você não for ladino, será enganado pelos outros e, antes que isso aconteça, você precisa enganá-los.

Maquiavel aconselhou os buscadores do prazer: a melhor maneira de se defender é atacar; nunca espere que o outro o ataque, pois pode ser tarde demais. Antes que o outro o ataque, ataque-o! Essa é a melhor maneira de se defender, e tem sido seguida, as pessoas conhecendo ou não Maquiavel.

Isto é algo muito estranho: as pessoas sabem sobre Cristo, sobre Buda, sobre Moisés, sobre Krishna, mas ninguém os segue. E as pessoas não sabem muito sobre Maquiavel, mas o seguem como se ele estivesse muito próximo do coração delas. Você não precisa ler o que ele escreveu, mas já o está seguindo. Toda a sua sociedade está baseada nos princípios maquiavélicos; todo o jogo político nada mais é do que isso. Antes que alguém lhe arranque algo, arranque-o dele; esteja sempre em guarda. Se você estiver sempre em guarda, naturalmente ficará tenso, ansioso, preocupado. Todos estão contra você, e você está contra todos.

Assim, o prazer não é e não pode ser o objetivo da vida.

A segunda palavra a ser entendida é felicidade. O prazer é fisiológico, a felicidade é psicológica. A felicidade é um pouco melhor, um pouco mais refinada, um pouco mais elevada... embora não muito diferente do prazer. Pode-se dizer que o prazer é um tipo inferior de felicidade e que a felicidade é um tipo mais elevado de prazer, como dois lados da mesma moeda. O prazer é um pouco primitivo, animal; a felicidade é um pouco mais cultivada, um pouco mais humana, porém se trata do mesmo jogo se desenrolando no mundo da mente. Você não está tão preocupado com as sensações fisiológicas e está muito mais

O terceiro estado é a alegria; a alegria é espiritual. Ela é diferente, totalmente diferente do prazer e da felicidade. Ela nada tem a ver com o exterior, com o outro; trata-se de um fenômeno interno. A alegria não depende das circunstâncias; ela é sua. Ela não é uma excitação agradável produzida pelas coisas, mas um estado de serenidade, de silêncio, um estado meditativo. Ela é espiritual.

Mas Buda também não falou da alegria, pois ainda há um estado que vai além dela. Ele o chama de plenitude. Essa é total; ela não é fisiológica, psicológica ou espiritual, não conhece nenhuma divisão, pois é indivisível. Ela é total em um sentido e transcendental em outro. Em sua fala, Buda usa apenas duas expressões. A primeira é prazer, que inclui a felicidade; e a segunda é plenitude, que inclui a alegria.

O estado de plenitude significa que você alcançou a essência mais profunda de seu ser; ele pertence à profundidade máxima de seu ser, onde até mesmo o ego não está mais presente, onde apenas o silêncio prevalece; você desapareceu. Na alegria você existe um pouco, mas na plenitude você não está, o ego se dissolveu; ela é um estado de não-ser.

Buda o chama de nirvana. Nirvana significa que você deixou de ser, que você é apenas um vazio infinito como o céu. E, no momento em que você é essa infinidade, você fica repleto de estrelas e uma vida totalmente nova começa. Você renasce.

O prazer é momentâneo, pertence ao tempo, é "por enquanto"; a plenitude é atemporal, sem tempo. O prazer começa e termina, a plenitude subsiste para sempre; o prazer vem e vai, a plenitude nunca vem e nunca vai, pois já está presente no âmago mais profundo do seu ser. O prazer precisa ser arrebatado do outro, e você se torna ou um mendigo ou um ladrão; a plenitude o torna um mestre.

O estado de plenitude não é algo que você inventa, mas algo que você descobre; ele é sua natureza mais profunda e está presente desde o

24   ALEGRIA

princípio; você simplesmente não o olhou e já o tomou como um fato, mas sem olhar para dentro.

Esta é a única aflição do ser humano: ele insiste em olhar para fora, procurando e buscando. E você não pode encontrar esse estado fora, pois ele não está lá.

Rabiya, uma mística sufi famosa, estava, uma tarde, procurando algo na rua, em frente à sua pequena cabana. O sol estava se pondo, e lentamente a escuridão estava aumentando. Algumas pessoas se reuniram e lhe perguntaram: "O que você está fazendo? O que você perdeu? O que você está procurando?"

Ela respondeu: "Perdi minha agulha."

As pessoas disseram: "O sol está se pondo e será muito difícil encontrá-la, mas a ajudaremos. Onde exatamente ela caiu? Como a rua é grande e a agulha é muito pequena, se soubermos o local exato será mais fácil encontrá-la."

Rabiya replicou: "É melhor não me fazerem essa pergunta, pois na verdade ela não caiu na rua, mas dentro de minha casa."

As pessoas começaram a rir e disseram: "Sempre achamos que você era um pouco maluca! Se a agulha caiu dentro da casa, por que está procurando na rua?"

Rabiya respondeu: "Por uma razão simples e lógica: dentro da casa não há luz, e aqui fora ainda há um pouco de luz."

As pessoas riram novamente e começaram a se dispersar. Rabiya as chamou de volta e disse: "Escutem! É exatamente isso que vocês estão fazendo. Eu estava apenas seguindo o seu exemplo. Vocês ficam procurando o estado de plenitude no mundo exterior sem formularem a questão primária: onde o perdemos? E lhes digo: vocês o perderam dentro. Vocês o estão procurando fora por uma razão simples e lógica: seus sentidos se abrem para fora e há um pouco mais de luz aí. Seus olhos enxergam fora, seus ouvidos escutam fora, suas mãos alcançam o que está fora; essa é a razão de procurarem fora. E lhes digo: vocês não o perde-

O que é felicidade?

ram lá, e lhes digo por experiência. Também procurei fora por muitas e muitas vidas, e no dia em que olhei para dentro fiquei surpresa. Não havia necessidade de procurar e buscar, pois ele sempre esteve dentro."

O estado de plenitude é sua essência mais íntima. O prazer precisa ser mendigado dos outros, o que naturalmente o faz ficar dependente. O estado de plenitude o torna um mestre; ele não é algo que acontece, pois já existe.

Buda diz: *Existe o prazer e existe o estado de plenitude. Esqueça-se do primeiro para ter o segundo*. Pare de procurar fora; olhe para dentro, volte-se para dentro, comece a procurar e a buscar em sua própria interioridade, em sua própria subjetividade. A plenitude não é um objeto a ser encontrado em algum outro lugar; ela é a sua consciência.

No Oriente, sempre definimos a verdade suprema como *Sat-Chit-Anand*. *Sat* significa verdade, *Chit* significa consciência, *Anand* significa plenitude. Essas são as três faces da mesma realidade; essa é a trindade verdadeira, e não Deus, o Pai, Jesus Cristo, o Filho, e o Espírito Santo; essa não é a trindade verdadeira. A verdadeira trindade é: verdade, consciência e plenitude. E elas não são fenômenos separados, mas uma só energia expressa de três maneiras, uma só energia com três faces. É por isso que no Oriente dizemos que Deus é *trimurti*, que Deus tem três faces. Essas são as faces reais, e não Brahma, Vishnu e Mahesh; essas últimas são para crianças, para aqueles que são imaturos espiritual e metafisicamente. Brahma, Vishnu e Mahesh; o Pai, o Filho, o Espírito Santo... esses nomes são para principiantes.

Verdade, consciência, plenitude... essas são as realidades supremas. Primeiro vem a verdade; quando você entra em si mesmo, fica ciente de sua realidade eterna, *sat*, verdade. Quando você se aprofunda em sua realidade, em sua verdade, fica ciente da consciência, uma imensa consciência. Tudo é luz, nada é escuro; tudo é percepção, nada é inconsciência. Você é simplesmente uma chama de consciência, sem nem mesmo uma sombra de inconsciência em algum lugar. E, quando você entra ainda mais fundo, então a essência absoluta é a plenitude, *anand*.

ALEGRIA

Buda diz: "Esqueça-se de tudo o que você considerou até agora como importante, como significativo. Sacrifique tudo por esse estado supremo, pois esse é o único estado que o deixará satisfeito, que o deixará preenchido, que trará a primavera a seu ser... e você desabrochará em mil e uma flores."

O prazer o manterá como uma pessoa sem destino, o tornará cada vez mais ladino, não lhe dará sabedoria e o tornará cada vez mais um escravo. Ele não lhe dará o reino de seu ser e o tornará cada vez mais calculista, cada vez mais explorador, cada vez mais político e diplomático. Você começará a usar as pessoas como meios; é isso que as pessoas estão fazendo.

O marido diz à esposa: "Eu amo você", mas na realidade ele simplesmente a usa. A mulher diz que ama o marido, mas simplesmente o está usando. O marido pode estar usando-a como um objeto sexual, e a esposa pode estar usando-o como uma segurança financeira. O prazer torna todos ladinos, enganadores, e ser ladino é perder o grande bem-estar de ser inocente, é perder o grande bem-estar de ser uma criança.

Na Embraer estava faltando uma peça para a montagem de um novo avião, e foi feito um anúncio em todo o mundo para as empresas que poderiam oferecer esse componente pelo menor preço. Da Polônia veio a oferta de construir a peça por três mil dólares, da Inglaterra a oferta foi de seis mil dólares, e o preço pedido em Israel foi de nove mil dólares.

Ricardo, o engenheiro responsável pela construção do avião, decidiu visitar os três países para descobrir as razões por trás da disparidade das ofertas.

Na Polônia, o construtor explicou: "Mil dólares para o material necessário, mil dólares para a mão-de-obra e mil dólares para as despesas gerais e um pequeno lucro."

Na Inglaterra, Ricardo inspecionou a peça e descobriu que ela era tão boa como a feita na Polônia. "Por que vocês estão pedindo seis mil dólares?", indagou o engenheiro. "Dois mil pelo material",

O que é felicidade?

27

explicou o inglês, "dois mil pela mão-de-obra e dois mil pelas despesas gerais e um pequeno lucro."

Em Israel, o representante da Embraer entrou em uma viela escura até chegar a uma pequena loja, e lá encontrou o velho que fez a oferta de nove mil dólares. "Por que você está pedindo tanto?", perguntou o engenheiro.

"Bem", disse o velho judeu, "três mil para você, três mil para mim e três mil para o babaca do polonês!"

Dinheiro, poder, prestígio... eles o tornam ladino. Procure o prazer e perderá sua inocência, e perder sua inocência é perder tudo. Jesus diz: "Seja como uma criança, e somente então poderá entrar no Reino de Deus." E ele está certo, pois aquele que busca o prazer não pode ser tão inocente como uma criança; ele precisa ser muito esperto, muito ladino, muito político, e somente então poderá ser bem-sucedido na ferrenha competição que existe por toda parte. Todo mundo está na garganta de todo mundo; você não está vivendo entre amigos. O mundo não pode ser amigável a menos que abandonemos essa idéia da competição.

Mas desde o início começamos a envenenar cada criança com esse veneno da competição. Quando a pessoa sai da universidade, está completamente envenenada. Nós a hipnotizamos com a idéia de que ela precisa lutar contra os outros, de que a vida é uma sobrevivência do mais apto. Então a vida nunca pode ser uma celebração.

Se você está feliz à custa da infelicidade de uma outra pessoa... e é assim que você pode ser feliz, não há outra maneira. Se você encontrar uma bela mulher e der um jeito de possuí-la, você a tirou das mãos de outra pessoa. Tentamos fazer as coisas parecerem as mais belas possíveis, mas isso fica apenas na superfície. Ora, os que perderam no jogo ficarão com raiva, com rancor, e esperarão uma oportunidade para se vingar; mais cedo ou mais tarde a oportunidade virá.

Tudo o que você possui neste mundo você possui à custa de uma outra pessoa, à custa do sofrimento de uma outra pessoa; não há outra maneira. Se você realmente não quiser ser inimigo de ninguém no mundo, precisará abandonar toda a idéia da possessividade. Use tudo o que acontecer de estar com você no momento, mas não seja possessivo, não tente afirmar que aquilo é seu. Nada é seu, tudo pertence à existência.

MÃOS VAZIAS

Viemos com as mãos vazias e partiremos com as mãos vazias; portanto, qual é o sentido de reivindicar tanto no período intermediário? Mas é isto que sabemos, que o mundo nos diz: possua, domine, tenha mais do que os outros. Pode ser dinheiro ou pode ser virtude; não importa com que tipo de moedas você lida, elas podem ser mundanas ou pertencer ao outro mundo, mas seja muito esperto, do contrário será explorado. Explore e não seja explorado... essa é a mensagem sutil dada a você com o leite materno. E toda escola, colégio e universidade estão enraizados na idéia da competição.

Uma educação de verdade não lhe ensinará a competir; ela lhe ensinará a cooperar. Ela não lhe ensinará a lutar e a chegar em primeiro lugar, mas a ser criativo, a ser amoroso, a ser alegre sem se comparar com os outros. Ela não lhe ensinará que você pode ser feliz somente quando for o primeiro; isso é pura tolice. Você não pode ser feliz apenas por ser o primeiro, pois ao tentar ser o primeiro você passa por tanta aflição que, quando vem a ser o primeiro, já se habituou à aflição.

Quando você se torna o presidente ou o primeiro-ministro de um país, você passou por tanto tormento que agora o tormento é a sua segunda natureza. Agora você não conhece nenhuma outra maneira de existir, e permanece infeliz. A tensão se entranhou, a ansiedade passou a ser sua maneira de vida, e você não conhece nenhuma outra maneira; esse é o seu próprio estilo de vida. Assim, embora tenha se tornado o primeiro, você permanece cauteloso, ansioso e medroso. Isso absolutamente não muda sua qualidade interior.

O que é felicidade? 29

Uma educação de verdade não lhe ensinará a ser o primeiro; ela lhe ensinará a desfrutar tudo o que você estiver fazendo, e não pelo resultado, mas pelo ato em si. Como pintor, dançarino, músico...

Você pode pintar de duas maneiras... Pode pintar para competir com outros pintores, desejando ser o maior pintor do mundo, desejando ser um Picasso ou um Van Gogh. Então sua pintura será de segunda categoria, pois sua mente não está interessada na pintura em si, mas em ser o primeiro, o melhor pintor do mundo. Você não está se aprofundando na arte de pintar, não a está desfrutando, mas apenas a usando como um degrau. Você está em uma viagem de ego, e o problema é que para ser realmente um pintor você precisa abandonar o ego completamente, precisa colocar o ego de lado. Somente então a existência poderá fluir através de você, somente então suas mãos, seus dedos e seus pincéis serão usados como veículos; somente então algo de uma beleza grandiosa poderá nascer.

A beleza real nunca é criada por você; ela vem através de você. A existência flui, e você se torna apenas uma passagem. Você permite que aconteça, isso é tudo; você não impede, isso é tudo.

Mas, se você ficar muito interessado no resultado, no resultado final, que você precisa ser famoso, que precisa ganhar um grande prêmio, que precisa ser o melhor pintor do mundo, que precisa superar todos os outros pintores, então seu interesse não está na pintura; ela é secundária. E, é claro, com um interesse secundário na pintura você não pode pintar algo original; será algo comum.

O ego não pode trazer nada de extraordinário ao mundo; o extraordinário vem apenas por meio da ausência do ego. É assim com o músico, com o poeta, com o dançarino... com todo mundo.

No *Bhagavad Gita*, Krishna diz: "Não pense no resultado." Essa é uma mensagem de imensa beleza, importância e verdade. Absolutamente não pense no resultado. Apenas faça com totalidade o que você estiver fazendo; perca-se no ato, perca o fazedor no fazer, não "seja", deixe que suas energias criativas fluam de uma maneira desimpedida. É por

30   ALEGRIA

isso que Krishna disse a Arjuna: "Não fuja da guerra... pois posso perceber que essa fuga é apenas uma viagem do ego. A maneira que você está falando simplesmente mostra que está calculando, que está pensando que ao fugir da guerra se tornará um grande santo. Em vez de se entregar ao todo, você está se levando muito a sério, como se não houvesse guerra se você não estivesse presente."

Krishna diz a Arjuna: "Simplesmente fique num estado de entrega; diga à existência: 'Use-me da maneira que você quiser me usar. Estou disponível, incondicionalmente disponível.' Então, tudo o que acontecer por seu intermédio terá uma grande autenticidade, terá intensidade, profundidade, terá o impacto do eterno."

Jesus diz: "Lembre-se de que os primeiros neste mundo serão os últimos no reino de Deus, e os que forem os últimos aqui serão os primeiros lá." Ele lhe deu a lei fundamental, a lei inexaurível, eterna. Pare de tentar ser o primeiro, mas lembre-se de algo muito provável de acontecer, pois a mente é tão esperta que pode distorcer toda verdade: você pode começar a tentar ser o último. Mas então você perde o espírito da coisa, pois começa uma outra competição, a de que "preciso ser o último". E, se alguém mais disser: "Sou o último", começará novamente a batalha, o conflito.

Ouvi uma parábola sufi:

Um grande imperador, Nadirshah, estava orando. Era o início da manhã, o sol ainda não tinha despontado no horizonte e ainda estava escuro. Nadirshah estava para começar uma nova conquista de um outro país e, é claro, estava pedindo a Deus a bênção de ser vitorioso. Ele estava dizendo a Deus: "Sou um ninguém, sou apenas um servo, um servo de seus servos. Abençoe-me, estou fazendo o seu trabalho, essa é a sua vitória. Mas sou um ninguém, lembre-se, sou apenas um servo de seus servos."

Um sacerdote estava a seu lado, ajudando-o a rezar, funcionando como mediador entre ele e Deus. E então, subitamente, ouvi-

O que é felicidade?   *31*

ram uma outra voz no escuro. Um mendigo da cidade também estava rezando e dizia a Deus: "Sou um ninguém, um servo de seus servos."

O rei disse: "Olhe para esse mendigo! Ele é um mendigo e está dizendo a Deus que é um ninguém! Pare com esse absurdo! Quem é você para dizer que é um ninguém? *Eu* sou um ninguém, e ninguém mais pode dizer isso. *Eu* sou um servo dos servos de Deus, e quem é você para dizer que é o servo dos servos?"

Você percebe? A competição ainda está presente, a mesma competição, a mesma estupidez. Nada mudou; o mesmo cálculo: "Preciso ser o último, ninguém mais pode ter permissão de ser o último." Se você não tiver muita compreensão, se não for muito inteligente, a mente poderá continuar a pregar essas peças em você.

Nunca tente ser feliz à custa da infelicidade de uma outra pessoa. Isso é feio, é desumano, é violência em seu verdadeiro sentido. Se você acha que se torna um santo ao condenar os outros como pecadores, sua santidade nada mais é do que uma nova viagem do ego; se você acha que é sagrado por estar tentando provar que os outros não o são... É isso que seus santos ficam fazendo; eles ficam se gabando de sua santidade, de sua superioridade espiritual. Vá a seus pretensos santos e observe os seus olhos: eles têm muita condenação para com você! Eles dizem que você merece o inferno e ficam condenando todo mundo. Escute seus sermões; todos eles são condenatórios. E, é claro, você escuta em silêncio a condenação deles, pois sabe que cometeu muitos enganos e erros na sua vida. E eles condenam *tudo*, e dessa maneira é impossível sentir que você pode ser bom. Você adora comer, então é um pecador; não acorda cedo pela manhã, então é um pecador; não vai dormir cedo à noite, então é um pecador. Eles arranjaram tudo de tal maneira que é muito difícil não ser um pecador.

Sim, *eles* não são pecadores; eles vão dormir cedo e se levantam cedo pela manhã... Na verdade, eles não têm mais nada para fazer! Eles nunca cometem nenhum engano porque nunca fazem coisa alguma, ficam apenas sentados como mortos. Mas, se você faz algo, é claro, como pode estar sem pecado? Daí, durante séculos, o santo renuncia ao mundo e foge dele, pois estar no mundo e ser santo parece impossível.

Toda a minha abordagem consiste nisto: a menos que você esteja no mundo, sua santidade não tem nenhum valor. Esteja no mundo e seja sagrado! Precisamos definir a santidade de uma maneira totalmente diferente. Não viva à custa dos sofrimentos dos outros, e isso é santidade; não destrua a felicidade dos outros, e sim os ajude a serem felizes, e isso é santidade. Crie o clima no qual todos possam ter um pouco de alegria.

EM BUSCA

*Se você estiver em busca da felicidade,
uma coisa é certa: não a obterá.
A felicidade é sempre uma conseqüência,
e não o resultado de uma busca direta.*

A DUALIDADE FUNDAMENTAL

As questões mais fundamentais de todas são: O que é a felicidade verdadeira? Há possibilidade de atingi-la? A felicidade verdadeira é possível ou é algo momentâneo? A vida é apenas um sonho, ou há também algo substancial nela? A vida começa com o nascimento e termina com a morte, ou existe algo que transcende o nascimento e a morte? Porque, sem o eterno, não há possibilidade de existir a felicidade verdadeira. Com o momentâneo, a felicidade permanecerá fugaz: em um momento ela está aqui, em outro ela se foi, e você é deixado em grande desespero e escuridão.

É assim na vida comum, na vida da pessoa adormecida. Há momentos de plenitude e há momentos de infelicidade; está tudo misturado, é uma miscelânea. Você não pode manter esses momentos de felicidade que vêm a você; eles vêm por conta própria e desaparecem por conta própria; você não é o mestre. E você não pode evitar os momentos de aflição; eles também têm sua própria constância, vêm por si mesmos e desaparecem por si mesmos; você é simplesmente uma vítima. E entre a felicidade e a infelicidade você fica despedaçado e nunca está em paz.

Você se despedaça em todos os tipos de dualidades... A dualidade da felicidade e da infelicidade é a mais fundamental e a mais sintomática, porém existem mil e uma dualidades: a dualidade do amor e do ódio, da vida e da morte, do dia e da noite, do verão e do inverno, da juventude e da velhice, e assim por diante. Mas a dualidade fundamental, a que representa todas as outras, é a da felicidade e da infelicidade. E você fica despedaçado, sendo puxado em direções diferentes e diametralmente opostas. Você não pode ficar em paz e acaba se perturbando.

De acordo com os budas, o ser humano é uma doença. Essa doença é absoluta ou pode ser transcendida?

Daí a questão básica e mais fundamental: O que é a felicidade verdadeira? Certamente a felicidade que conhecemos não é verdadeira; ela é feita de sonhos e sempre se transforma no seu oposto. O que parece felicidade em um momento se transforma em infelicidade no momento seguinte.

A felicidade se transformar em infelicidade simplesmente mostra que as duas não estão separadas e que talvez sejam dois aspectos da mesma moeda. E, se você tiver um lado da moeda, o outro está sempre ali, oculto atrás dela, esperando a oportunidade para se afirmar, e você sabe disso. Quando você está feliz, em algum lugar no fundo há o medo furtivo de que a felicidade não vá durar, que mais cedo ou mais tarde ela desaparecerá, que a noite está vindo, que a qualquer momento você será engolfado pela escuridão, que essa luz é apenas imaginária e que não pode ajudá-lo, não pode levá-lo para a outra margem.

A sua felicidade não é realmente felicidade, mas apenas uma infelicidade oculta; seu amor não é amor, mas apenas uma máscara de seu ódio; sua compaixão nada mais é do que sua raiva cultivada, sofisticada, educada, culta, civilizada, mas sua compaixão nada mais é do que raiva; sua sensibilidade não é sensibilidade real, mas apenas um exercício mental, uma certa atitude e uma abordagem praticada.

Lembre-se: a humanidade inteira foi educada com a idéia de que a virtude pode ser praticada, de que a bondade pode ser praticada, de que a pessoa pode aprender como ser feliz, pode dar um jeito de ser feliz, de que está dentro de seu poder criar um certo caráter que traz a felicidade. E tudo isso está errado, completamente errado.

O primeiro ponto a ser entendido sobre a felicidade é que ela não pode ser praticada; ela precisa apenas receber permissão de estar presente, pois não é algo que você crie. Tudo o que *você* cria irá ser algo menor do que você, mais diminuto do que você. O que você cria não pode ser maior do que você; a pintura não pode ser mais grandiosa do que o próprio pintor, a poesia não pode ser mais grandiosa do que o poeta; sua canção fatalmente será algo menor do que você.

Se você praticar a felicidade, você estará sempre ali, nas costas, com todas as suas tolices, com todas as suas viagens do ego, com toda a sua ignorância, com todo o seu caos mental. Com essa mente caótica você não pode criar um cosmos, não pode criar a graça. A graça sempre desce do além; ela precisa ser recebida como uma dádiva em uma imensa confiança, em uma total entrega. Em um estado de entrega, a felicidade verdadeira acontece.

Mas nos disseram para realizarmos, para sermos ambiciosos. Toda a nossa mente foi cultivada para ser a de um conquistador; toda a educação, a cultura, a religião, todas elas dependem dessa idéia básica de que o ser humano precisa ser ambicioso, de que somente a pessoa ambiciosa será capaz de atingir a satisfação. Isso jamais aconteceu e jamais acontecerá, mas tão profunda é a ignorância que continuamos a acreditar nesse absurdo.

Nenhuma pessoa ambiciosa foi feliz; na verdade, a pessoa ambiciosa é a mais infeliz do mundo. Mas continuamos a treinar as crianças para serem ambiciosas: "Sejam as primeiras, estejam no topo, e serão felizes!" E você já viu alguém no topo e feliz, ao mesmo tempo?

Alexandre, o Grande, era feliz quando se tornou um conquistador? Ele foi um dos homens mais infelizes que viveram sobre a terra. Ao perceber a plenitude de Diógenes, ele ficou com inveja. Ficar com inveja de um mendigo...?

Diógenes era um mendigo; ele nada tinha, nem mesmo uma cumbuca de pedinte. Pelo menos Buda tinha uma cumbuca de pedinte e três mantos. Diógenes andava nu e sem cumbuca. Um dia ele estava indo ao rio com sua cumbuca, pois era um dia quente e ele estava com sede e queria beber água. No caminho, quando estava chegando à margem do rio, um cachorro passou por ele correndo e arfando e saltou no rio, tomou um bom banho e bebeu água o tanto que pôde. E aí veio a idéia na mente de Diógenes: "Este cachorro é mais livre do que eu, pois não precisa carregar uma cumbuca. E, se ele pode dar um jeito, por que eu não posso dar um jeito sem uma cumbuca de pedinte? Essa é minha única propriedade, e preciso manter os olhos nela, pois ela pode ser roubada. À noite eu preciso de vez em quando verificar se ela está ou não no lugar que a deixei." Ele jogou a cumbuca no rio, curvou-se para o cachorro, agradecendo-lhe pela grande mensagem que ele lhe trouxera da existência.

Esse homem que nada tinha despertou inveja na mente de Alexandre. Quão infeliz ele deve ter sido! Ele confessou a Diógenes: "Se um dia eu tiver de nascer de novo, pedirei a Deus: 'Desta vez, por favor, não me faça Alexandre; faça-me Diógenes.'"

Diógenes riu ruidosamente e chamou o cachorro... a essa altura eles tinham se tornado amigos e começado a viver juntos. Diógenes disse: "Escute a tolice que ele está dizendo! Na próxima vida ele quer ser Diógenes! Por que na próxima? Por que adiar? Quem sabe sobre a próxima vida? Até mesmo o dia seguinte é incerto, o momento seguinte é incerto; o que dizer da vida seguinte? Se você realmente quiser ser um Diógenes, pode ser neste exato momento, aqui e agora. Jogue suas roupas no rio e se esqueça de tudo sobre conquistar o mundo! Isso é pura estupidez, e você sabe disso. E você confessou que é infeliz, confessou que Diógenes está em um estado muito melhor, muito mais abençoado. Então, por que não ser Diógenes agora mesmo? Deite-se na margem do rio, onde estou tomando meu banho de sol! Essa margem é grande o suficiente para nós dois."

Alexandre não pôde aceitar o convite, é claro. Ele disse: "Obrigado pelo convite. No momento não posso aceitar, mas na próxima vida..."

Diógenes lhe perguntou: "Onde você está indo? E o que você fará se conquistar o mundo inteiro?"

Alexandre respondeu: "Eu descansarei."

Diógenes afirmou: "Isso parece ser totalmente absurdo, porque estou descansando neste exato momento!"

Se Alexandre não é feliz, se Adolf Hitler não é feliz, se os Rockefelleres e os Carnegies não são felizes, se as pessoas que têm todo o dinheiro e todo o poder do mundo não são felizes... Observe as pessoas bem-sucedidas no mundo e você abandonará a idéia de sucesso. Nada fracassa como o sucesso. Embora lhe tenham dito que nada é tão bem-sucedido como o sucesso, digo-lhe que nada fracassa como o sucesso.

A felicidade nada tem a ver com o sucesso, com a ambição, com o dinheiro, o poder, o prestígio. Trata-se de uma dimensão totalmente diferente. A felicidade tem algo a ver com a sua consciência, e não com o seu caráter. Deixe-me lembrá-lo: o caráter é novamente um cultivo. Você pode se tornar um santo e, mesmo assim, não será feliz se a sua santidade nada mais for do que uma santidade praticada. E é assim que as pessoas ficam santas. Católicos, jainistas, hindus... como eles ficam santos? Eles praticam centímetro por centímetro, em detalhe, quando se levantar, o que comer, o que não comer, quando ir para a cama...

NÃO CARÁTER, MAS CONSCIÊNCIA

De maneira nenhuma acredito em caráter; minha confiança está na consciência. Se uma pessoa fica mais consciente, naturalmente seu caráter é transformado, mas essa transformação é totalmente diferente, pois não é manipulada pela mente; ela é natural e espontânea. E sempre que seu caráter é natural e espontâneo, ele tem uma beleza própria; fora isso, você pode continuar a mudar... você pode abandonar sua raiva, mas onde a abandonará? Você precisará abandoná-la em seu próprio inconsciente; você pode mudar um aspecto de sua vida, mas tudo o que você jogar dentro começará a se expressar a partir de algum outro ponto, e é inevitável que seja assim. Você pode bloquear um riacho com uma rocha, mas ele começará a fluir a partir de algum outro lugar; não há como destruí-lo. A raiva, a ganância, a possessividade e a inveja estão presentes porque você está inconsciente.

Dessa maneira, não estou interessado em mudar a sua raiva; isso seria como podar as folhas de uma árvore e esperar que a árvore desapareça um dia. Não será assim; pelo contrário, quanto mais você podar a árvore, mais densa será a folhagem.

Daí seus pretensos santos serem as pessoas menos sagradas do mundo; eles são simuladores e falsos. Sim, se você olhar de fora, eles parecem muito sagrados, demasiadamente sagrados, muito açucarados, enjoativamente doces e nauseantes. Você pode ir a eles, prestar seu respeito e fugir. Você não pode viver com os seus santos nem mesmo por vinte e quatro horas, pois eles o entediarão até a alma! Quanto mais próximo você ficar deles, mais mistificado, perplexo e confuso ficará, porque começará a perceber que por um lado eles reprimiram a raiva, mas ela entrou em outra dimensão da vida deles.

As pessoas comuns ficam com raiva de vez em quando e sua raiva é muito fugaz, muito momentânea. Então, novamente, elas riem, ficam amigáveis e não carregam feridas por muito tempo. Mas em seus pretensos santos a raiva se torna praticamente um estado permanente. Eles são simplesmente raivosos, e não em relação a algo em particular; reprimiram tanto a raiva que agora são simplesmente raivosos, permanecendo em um estado de rancor. Seus olhos, suas narinas, suas faces e seu próprio modo de vida mostrarão isso.

Em busca 39

Lu Ting comia no restaurante grego porque Papadopoulos, o proprietário, fazia realmente um delicioso arroz frito. Todo entardecer ele vinha e pedia "Aloiz flito". Isso sempre fazia com que Papadopoulos caísse na gargalhada e, algumas vezes, convidasse dois ou três amigos para ouvir Lu Ting pedir seu "Aloiz flito".

O orgulho do chinês ficou tão ferido que ele foi fazer uma aula de dicção só para poder dizer corretamente "Arroz frito".

Na próxima vez que ele foi ao restaurante, disse com muita clareza: "Arroz frito, por favor."

Não acreditando em seus ouvidos, Papadopoulos perguntou: "O que você disse?"

Lu Ting gritou: "Você ouviu o que eu disse, seu glego desglaçado!"

Não fará muita diferença, de "aloiz flito" agora é "glego desglaçado"! Você fecha uma porta, e imediatamente uma outra se abre. Essa não é a maneira da transformação.

Mudar seu caráter é fácil; o trabalho real consiste em mudar sua consciência, em tornar-se consciente, mais consciente, mais intensa e apaixonadamente consciente. Quando você está consciente, é impossível ficar com raiva, é impossível ser ganancioso, é impossível ser invejoso, é impossível ser ambicioso.

E, quando toda raiva, ganância, ambição, inveja, possessividade e libertinagem desaparecerem, a energia que elas exigiam será liberada, e essa energia se torna seu estado de plenitude. Agora ela não está vindo de fora, agora ela está acontecendo dentro de seu ser, nos recessos mais íntimos do ser.

E, quando essa energia está disponível, você se torna um campo receptivo, um campo magnético, e atrai o além; toda a energia que estava sendo desnecessariamente desperdiçada por você em seu inconsciente se junta e se reúne dentro de você. Quando você se torna um reservatório de energia, começa a atrair as estrelas, começa a atrair o além, começa a atrair o próprio paraíso.

40 ALEGRIA

E o encontro da sua consciência com o além é o ponto da plenitude, da felicidade verdadeira. Ela nada conhece da infelicidade, pois é pura felicidade; nada conhece da morte, pois é pura vida; nada conhece da escuridão, pois é pura luz, e conhecê-la é o objetivo. Gautama Buda foi à procura dela e, após seis anos de batalha, um dia a atingiu.

Você também pode atingi-la, mas deixe-me lembrá-lo: ao dizer que você pode atingi-la, não estou criando um desejo de atingi-la. Estou simplesmente declarando um fato: se você se tornar um reservatório de imensa energia, não se distraindo com nada do mundo, ela acontece. Trata-se mais de um acontecimento do que de um fazer. E é melhor chamá-la de plenitude do que de felicidade, pois a felicidade lhe dá a impressão de que é algo semelhante ao que você conhece como felicidade. O que você conhece como felicidade nada mais é do que um estado relativo.

Benson foi à loja de roupas de Krantz para comprar uma calça e um paletó. Ele acabou encontrando o estilo que queria, e então tirou o paletó do cabide e o experimentou.

Krantz veio a ele e disse: "Caiu muito bem em você."

"Pode ter caído", disse Benson, "mas não se ajusta a mim. Está prendendo os meus ombros."

"Coloque as calças", disse Krantz. "Elas são tão apertadas que você se esquecerá dos ombros!"

O que você chama de felicidade é apenas uma questão de relatividade; o que os budas chamam de felicidade é algo absoluto. Sua felicidade é um fenômeno relativo; o que os budas chamam de felicidade é algo absoluto não relacionado a mais ninguém, sem entrar em comparação com ninguém; ela é simplesmente sua, é interior.

PERSEGUINDO O ARCO-ÍRIS

A Constituição americana contém em si uma idéia muito estúpida; ela diz que perseguir a felicidade é um direito inato do ser humano. As pessoas que escreveram essa Constituição não tinham idéia do que estavam escrevendo. Se perseguir a felicidade é um direito inato da humanidade, então o que dizer da infelicidade? De quem é o direito inato da infelicidade? Essas pessoas não estavam cientes de que se você pedir a felicidade pediu ao mesmo tempo a infelicidade, e não importa se você sabe ou não disso.

Chamo a isso de estupidez porque ninguém pode perseguir a felicidade. E, se você a estiver perseguindo, uma coisa é certa: não a obterá. A felicidade é sempre uma conseqüência e não o resultado de uma perseguição direta. Ela acontece quando você nem mesmo está pensando nela; o que dizer de persegui-la? Ela acontece repentinamente, vinda do nada, você estava fazendo algo totalmente diferente...

Você podia estar cortando lenha, e certamente cortar lenha não é perseguir a felicidade, mas sob o sol do alvorecer, quando ainda está fresco, o som do machado sobre a madeira... pedaços de madeira sendo atirados para todos os lados, fazendo um barulho e, depois, deixando um silêncio por trás... Você começa a transpirar, e a fresca brisa o faz se sentir ainda mais refrescado do que antes. De repente acontece a felicidade, uma alegria não contida. Mas você estava simplesmente cortando lenha, e cortar lenha não precisa ser mencionado na Constituição como um direito inato, porque, então, quantas coisas precisarão ser incluídas?

Não consigo me esquecer de um dia... Há algumas coisas que não têm um senso lógico e não têm relevância, mas que permanecem na memória. Não dá para entender por que elas permanecem lá, pois aconteceram milhões de coisas muito mais importantes e significativas, e todas elas desapareceram. Mas algumas coisas insignificantes... não se pode descobrir nenhuma razão para elas estarem na memória, mas elas estão, deixaram uma marca atrás delas.

ALEGRIA

Lembro-me de uma dessas coisas: eu estava vindo da escola, que ficava a quase um quilômetro e meio de minha casa, e no meio do caminho havia uma enorme árvore. Eu passava por ela pelo menos quatro vezes por dia: ao ir à escola, no meio do dia para ir à minha casa almoçar, depois ao voltar para a escola, e finalmente ao voltar para casa. Passei por aquela árvore milhares de vezes, mas naquele dia algo aconteceu.

Era um dia quente, e, quando me aproximei da árvore, eu estava suando. Passei por debaixo da árvore, e estava tão fresco que sem ter nenhum pensamento deliberado parei por um tempo sem saber o motivo. Simplesmente me aproximei do tronco da árvore, sentei-me ali e senti o tronco. Não posso explicar o que aconteceu, mas me senti imensamente feliz, como se algo estivesse ocorrendo entre mim e a árvore. Apenas o frescor não podia ser a causa, porque muitas vezes passei suando pelo frescor da árvore. Eu também parei antes, mas nunca antes toquei a árvore ou me sentei ali, como que encontrando um velho amigo.

Aquele momento permaneceu brilhando como uma estrela. Muitas coisas aconteceram em minha vida, mas não percebo aquele momento se reduzir; ele ainda está presente. Sempre que olho para trás, ele ainda está presente. Naquele dia eu não estava claramente ciente do que aconteceu, e nem hoje posso dizer que estou, mas algo aconteceu. E, a partir daquele dia, houve uma certa relação minha com a árvore, a qual nunca senti antes, nem mesmo com algum ser humano. Tornei-me mais íntimo daquela árvore do que de qualquer outra pessoa do mundo. Passou a ser uma rotina para mim: sempre que passava pela árvore, eu me sentava por alguns segundos ou por alguns minutos e sentia a árvore. Ainda posso percebê-la; algo continuou crescendo entre nós...

No dia em que deixei a escola e me mudei para outra cidade, para freqüentar a universidade, despedi-me de meu pai, de minha mãe, de meus tios e de toda a minha família, sem chorar. Nunca fui do tipo que chora com facilidade. Mas, naquele mesmo dia, ao me despedir da ár-

Em busca

43

vore, eu chorei. Isso continua sendo uma lembrança muito vívida... E, quando eu estava chorando, tive a certeza absoluta de que também havia lágrimas nos olhos da árvore, embora não pudesse ver os olhos da árvore e não pudesse ver as lágrimas. Mas eu podia sentir; quando toquei a árvore, pude perceber a tristeza e pude perceber a bênção, a despedida. E aquele era certamente meu último encontro, pois, quando voltei após um ano, por alguma razão estúpida a árvore tinha sido cortada e removida.

A razão estúpida foi que construíram uma pequena pilastra memorial, e aquele era o local mais belo no meio da cidade. O memorial era para um idiota rico o bastante para ganhar todas as eleições de que participou e se tornar o presidente da câmara municipal. Ele foi presidente por pelo menos trinta e cinco anos, o tempo mais longo que alguém ficou naquele mesmo cargo. Todos estavam felizes com a sua presidência, pois ele era um tamanho idiota que qualquer um podia fazer o que quisesse sem que ele interferisse. Uma pessoa podia fazer sua casa no meio da rua, e ele não se importava; ela apenas tinha de votar nele. Dessa maneira, toda a cidade estava feliz com ele, pois todos tinham muita liberdade. A câmara municipal e seus membros, os funcionários e os altos funcionários, todos estavam muito felizes com ele, todos queriam que ele permanecesse para sempre como presidente, mas até mesmo idiotas precisam morrer, felizmente. Mas sua morte foi uma infelicidade, pois eles procuraram um lugar para fazer um memorial para ele e destruíram a árvore. Agora sua pedra de mármore está lá, no lugar de uma árvore viva.

A busca da felicidade é algo impossível. Se você observar a sua própria experiência e encontrar momentos de felicidade, verá que fatalmente serão muito raros... Talvez em uma vida de setenta anos você possa ter sete momentos dos quais possa afirmar que foram momentos felizes. Mas, se você teve pelo menos um único momento de felicidade, uma coisa é certa, sem exceção: aconteceu quando você não a estava procurando.

44 ALEGRIA

Tente procurar a felicidade e esteja certo de que a perderá.

Discordo de Jesus em muitos pontos, até mesmo em pontos que parecem muito inocentes e que parece que estou sendo indelicado. Jesus diz: "Procure e encontrará; peça, e lhe será dado; bata, e as portas lhe serão abertas." Não posso concordar.

Os tolos que escreveram a Constituição americana certamente foram influenciados por Jesus Cristo, é claro, pois todos eles eram cristãos. Quando eles diziam: "Em busca da felicidade", consciente ou inconscientemente deviam ter em mente a afirmação de Jesus: "Procure e encontrará." Mas lhe digo: Procure e esteja certo de que jamais encontrará. Não procure, e ela estará presente.

Simplesmente pare de procurar e a encontrará, pois procurar significa um esforço da mente, e não procurar significa um estado de relaxamento. E a felicidade é possível somente quando você está relaxado.

Um buscador não está relaxado. Como ele pode estar? Ele não pode se dar ao luxo do relaxamento. Se você olhar à volta do mundo, ficará surpreso: encontrará pessoas mais satisfeitas em países muito pobres... Sim, até mesmo na Etiópia, onde elas estão morrendo de inanição... mas não há sofrimento ou angústia. O maior número de pessoas infelizes será encontrado nos Estados Unidos. Isso é estranho... Nos Estados Unidos a busca da felicidade é um direito inato, e isso não é mencionado em nenhuma outra Constituição do mundo...

Essa Constituição americana é absolutamente insana: "busca da felicidade"? Ninguém jamais foi bem-sucedido nisso, e aqueles que tentaram ficaram muito infelizes e atormentados em sua vida.

A felicidade *acontece*. Talvez seja por isso que ela é chamada de felicidade, porque ela *acontece*.* Você não pode arranjá-la, não pode manipulá-la, não pode manejá-la. A felicidade é algo que está além de seu esforço, além de você. Mas apenas ao cavar um buraco em seu jardim,

---

* A palavra em inglês para "felicidade" é *happiness*, e a palavra em inglês para "acontece" é *happens*. (N.T.)

Em busca 45

se você estiver totalmente absorto nisso, se todo mundo for esquecido, inclusive você mesmo, ela estará presente.

A felicidade está sempre com você; ela nada tem a ver com o tempo, nada tem a ver com cortar lenha, nada tem a ver com cavar um buraco no jardim. A felicidade não tem nada a ver com nada. Ela é apenas um estado de seu ser sem expectativas, relaxado e à vontade com a existência. Ela está presente e não vem e vai; está sempre presente como sua respiração, como o palpitar de seu coração, como o sangue circulando em seu corpo.

A felicidade sempre está presente, mas, se você a procurar, encontrará a infelicidade. Ao procurar, você perderá a felicidade; a infelicidade é isto: a perda da felicidade. A infelicidade tem uma certa relação com a busca, uma parceria. Se você for ao encalço da felicidade, encontrará a infelicidade. E a Constituição americana deu a idéia a todos os americanos de que eles deveriam ir em seu encalço.

E eles estão perseguindo desesperadamente o dinheiro, o poder, a religião, e estão correndo por todo o mundo procurando alguém que lhes ensine como encontrar a felicidade.

A coisa real é simplesmente voltar para casa e se esquecer de tudo isso. Faça uma outra coisa que nada tenha a ver com a felicidade. Pinte, e você não precisa aprender a pintar; você não pode jogar cores em uma tela? Qualquer criança pode fazer isso. Apenas atire tinta sobre a tela e poderá ficar surpreso: você não é um pintor, mas algo belo acontece. As próprias cores se misturam de uma certa maneira e criam algo a que você não pode dar nome.

As pinturas modernas não têm títulos, e muitos quadros até mesmo não têm molduras, pois a existência não tem moldura. Você olha de sua janela e vê o céu com moldura, mas a moldura existe na janela, e não no céu, pois ele não a tem. E há pintores que nem pintam em telas; eles pintam em paredes, no chão, no teto. Estranhos lugares... mas posso perceber o discernimento deles. Eles não estão interessados em fazer uma pintura e estão mais interessados em se envolver no próprio ato

46 ALEGRIA

de pintar, e a pintura não está à venda. Como você pode vender seu teto, e quem o compraria? Mas, enquanto eles estão absortos, a partir de algum recanto desconhecido algo começa a entrar em seus seres; eles começam a se sentir alegres sem nenhuma razão.

É por isso que condeno a idéia da busca. Posso dizer sobre a pessoa que escreveu isso na Constituição, sem conhecer o seu nome, sem nada saber sobre ela, que ela deve ter sido uma pessoa completamente infeliz e que nunca conheceu a felicidade. Ela a esteve *perseguindo*; dessa maneira, ela tentou dar a todo americano o mesmo direito inato que ela reivindicou para si mesma. E ninguém a criticou em trezentos anos, algo tão simples...

Um poeta, um pintor, um cantor, um dançarino, sim, de vez em quando alcançam a felicidade. Mas uma coisa é parte dela: sempre que a felicidade vem, o ego não está presente, o buscador não está presente, a busca não está presente.

Nijinsky, um dos dançarinos mais importantes do mundo de todos os tempos... No que se refere a mim, ele foi o melhor dançarino que a humanidade produziu; ele era um milagre quando dançava. De vez em quando ele dava um salto tão alto que ia contra a força da gravidade; o salto não era possível cientificamente. De acordo com as leis da gravidade, um salto tão alto era absolutamente impossível. Até mesmo as pessoas que competem em saltos nas Olimpíadas não são nada, comparadas com Nijinsky quando ele saltava. E até mesmo mais miraculosa era a sua volta ao solo: ele voltava como uma pena, lentamente. Isso era ainda mais contrário à lei da gravidade, pois a gravidade puxaria repentina e rapidamente o peso de um corpo humano; seria um baque, poderiam até ocorrer algumas fraturas! Mas ele costumava descer como uma folha morta cai da árvore: lenta e preguiçosamente, sem pressa, pois não há para onde ir. Ou, mesmo melhor, como uma pena, pois uma folha cai um pouco mais depressa. A pena de um pássaro quase não tem peso e cai dançando. Nijinsky costumava descer da mesma maneira, e nem mesmo havia som quando ele aterrissava no palco.

Em busca   *47*

Muitas vezes lhe perguntavam: "Como você faz isso?"

Ele respondia: "Eu não faço isso. Tentei fazê-lo, mas sempre que tentei, não aconteceu, e quanto mais eu tentava mais ficava claro para mim que isso não é algo que eu podia manipular. Lentamente fiquei consciente de que isso acontece quando não tento, quando nem mesmo estou pensando a respeito. Quando meu ego não está presente, de repente percebo que está acontecendo. E, quando volto para tentar descobrir como aconteceu, não está mais acontecendo, já se foi e estou novamente no chão."

Ora, esse homem sabe que a felicidade não pode ser perseguida. Se Nijinsky também fosse uma das pessoas a elaborar a Constituição dos Estados Unidos, ele teria objetado e dito que perseguir é uma palavra absolutamente equivocada e teria sugerido para simplesmente dizerem que a felicidade é o direito inato de todos, e não a sua perseguição. Não se trata de uma caçada, pois assim você correria por toda a sua vida, correndo atrás de sombras e nunca chegando a lugar nenhum. Toda a sua vida seria um puro desperdício.

Mas a mente americana assimilou a idéia; assim, em todas as esferas, seja política, religiosa ou dos negócios, eles estão perseguindo. Os americanos estão sempre em constante movimento, e indo depressa, pois, quando se está indo, por que não ir depressa? E não pergunte aonde eles estão indo, porque ninguém sabe. Uma coisa é certa, eles estão indo a toda velocidade, com o máximo de velocidade que conseguem manter, dando tudo o que conseguem dar. O que mais é necessário? Você está indo, e indo a toda a velocidade... Você está satisfazendo seu direito inato.

Dessa maneira, as pessoas estão trocando de mulher continuamente, trocando de homem continuamente, trocando de negócio continuamente, trocando de emprego continuamente, todos perseguindo a felicidade. E, por estranho que pareça, sempre dá a impressão de que a felicidade está sendo desfrutada por uma outra pessoa; assim, você começa a persegui-la. Quando você chega onde pensou que a encontraria, ela não está ali.

A grama do outro lado da cerca é sempre mais verde, mas não pule a cerca para ver se realmente é assim. Desfrute-a! Se for mais verde do outro lado da cerca, desfrute-a. Por que destruir coisas ao pular a cerca e descobrir que a grama do outro lado é pior do que a sua?

Mas as pessoas estão correndo atrás de tudo, achando que talvez isso lhes dê o que estão sentindo falta.

Nada ajudará. Você pode viver em um palácio, mas será infeliz, talvez mais do que seria em uma velha cabana. Pelo menos em uma velha cabana haveria o consolo de que você está infeliz por estar em uma cabana caindo aos pedaços. Haveria uma desculpa, você poderia justificar seu tormento, sua aflição, seu sofrimento, e também haveria uma esperança de que algum dia você seria capaz de ter uma casa melhor; se não um palácio, pelo menos uma boa, bela e pequena casa própria.

É a esperança que está mantendo as pessoas vivas, e são suas desculpas e suas explicações que as fazem tentar repetidamente. Tentar repetidamente se tornou a filosofia dos americanos; mas há algumas coisas que não são alcançáveis dentro do reino da tentativa, que acontecem somente quando o tentar deixou completamente de existir. Você simplesmente se aquieta e diz: "Basta, não vou mais tentar."

Foi assim que a iluminação aconteceu a Gautama Buda.

Ele deve ter sido o primeiro americano, pois estava em busca da felicidade; por causa da perseguição, abandonou o seu reinado. Ele foi o pioneiro em muitas coisas, como o primeiro a sair do sistema. Os *hippies* não abandonaram muitas coisas. Para abandonar algo, primeiro você precisa tê-lo. Ele o tinha, e tinha mais do que qualquer pessoa teve. Buda estava cercado por todas as belas mulheres do reinado. Assim, nenhum desejo permaneceu insatisfeito: ele tinha as melhores comidas, centenas de servos, imensos jardins...

Buda disse: "Estou renunciando a tudo isso, pois não encontrei a felicidade aqui. Eu a procurarei, a perseguirei, farei tudo o que for preciso para encontrar a felicidade."

Em busca

E, durante seis anos, Buda fez tudo o que poderia ser feito. Ele foi a todos os tipos de professores, de mestres, de escolas, de sábios, de eruditos, de santos. E a Índia está tão repleta dessas pessoas que não há necessidade de procurar e ir atrás delas; você simplesmente vai a qualquer lugar e as encontra. Elas estão por toda parte; se você não as procura, elas o procuram. E particularmente na época de Buda era realmente o auge... Mas, após seis anos de um esforço tremendo, de austeridades, de jejum e de posturas de ioga, nada aconteceu. E um dia...

Niranjana é um rio pequeno, não muito fundo. Buda estava jejuando, fazendo austeridades e se torturando de todas as maneiras, o que o deixou tão fraco que quando foi tomar um banho no Niranjana não conseguiu atravessá-lo. O rio era pequeno, mas ele estava tão fraco que só conseguiu não ser levado pelas águas porque segurou uma raiz de uma árvore que estava na beira do rio. Enquanto ele estava segurando a raiz, ocorreu-lhe a idéia: "Esses sábios dizem que a existência é como um oceano. Se assim for, então tudo o que estou fazendo não está correto, pois, se não posso atravessar esse pobre rio, Niranjana, como irei atravessar o oceano da existência? Simplesmente desperdicei meu tempo, minha vida, minha energia e meu corpo ao fazer o que fiz." Ele conseguiu sair do rio, abandonou todos os esforços e sentou-se sob a árvore.

Naquela noite de lua cheia, pela primeira vez em seis anos, ele dormiu bem, pois não havia nada a fazer no dia seguinte, nenhum lugar para ir, nenhuma prática, nenhum exercício... no dia seguinte não havia nem mesmo a necessidade de levantar cedo pelo manhã, antes do alvorecer. No dia seguinte ele poderia dormir tanto quanto quisesse. Pela primeira vez ele sentiu uma liberdade total de todos os esforços, da procura, da busca, da perseguição.

É claro que ele dormiu de uma maneira imensamente relaxada, e, pela manhã, quando abriu os olhos, a última estrela estava desaparecendo. Diz-se que com a última estrela desaparecendo Buda também desapareceu. Toda a noite de descanso, a paz, nenhum futuro, nenhum objetivo, nada a ser feito... pela primeira vez ele deixou de ser um americano.

Deitado, sem pressa para se levantar, ele simplesmente percebeu que aqueles seis anos pareciam um pesadelo. Mas era passado... A estrela desapareceu, e Sidarta desapareceu.

Essa foi a experiência da plenitude ou da verdade, da transcendência, de tudo o que você procurou, mas que perdeu por estar procurando. Até mesmo os budistas não foram capazes de entender o significado dessa história. Essa é a história mais importante da vida de Gautama Buda, e nada se compara a ela.

Mas você ficará surpreso... Não sou budista e não concordo com Buda em mil e um pontos, mas sou a primeira pessoa em vinte e cinco séculos que deu ênfase a essa história e a tornou o ponto central, pois foi aí que o despertar de Buda aconteceu. Mas os sacerdotes e os monges budistas nem mesmo podem contar essa história, pois, se a contarem, que propósito eles terão? O que eles estão fazendo? O que eles estão ensinando, que exercícios, que preces? Naturalmente, se você contar essa história que aconteceu quando Buda deixou de fazer todos os tipos de tolices religiosas, as pessoas dirão: "Então por que vocês estão nos ensinando a fazer tolices religiosas? Apenas para as abandonarmos um dia? E, se no final tivermos de abandoná-las, em primeiro lugar por que começar?"

Será difícil convencer os sacerdotes; todo o negócio e a profissão deles serão destruídos.

O estado de plenitude nos banha exatamente dessa maneira, a verdade nos banha exatamente dessa maneira. Você simplesmente precisa ficar sem fazer nada, esperando... não esperando por ilusões, mas apenas esperando, e não por algo em particular, mas simplesmente esperando; isso acontece em um estado de espera.

E porque ela acontece (*happens*, em inglês), está perfeitamente correto chamá-la de felicidade (*happiness*, em inglês).

AS RAÍZES DA INFELICIDADE

O ser humano está atormentado e tem vivido atormentado através dos tempos. Raramente se pode encontrar um ser humano não atormentado, e é tão raro que praticamente parece inacreditável. É por isso que as pessoas não acreditam que existiram seres humanos como Buda. As pessoas não podem acreditar nisso, e não podem acreditar devido ao próprio tormento. O tormento é tamanho, e elas estão tão profundamente envolvidas nele, que não consideram possível qualquer escape.

As pessoas acham que os budas devem ter sido imaginados, que pessoas como Gautama Buda são sonhos da humanidade. É isto que Sigmund Freud diz, que pessoas como Buda são "fantasias da realização das aspirações humanas". Gostaríamos de ser daquela maneira, de nos livrar do tormento, de ter aquele silêncio, aquela serenidade, aquela graça divina, mas isso não aconteceu. E Freud diz que não há esperança, que isso *não pode* acontecer pela própria natureza das coisas. O ser humano não pode ser feliz.

Freud precisa ser ouvido muito intensa e profundamente; ele não pode ser simplesmente rejeitado completamente. Ele teve uma das mentes mais penetrantes do mundo e, quando ele diz que a felicidade não é possível, quando diz que esperar a felicidade é esperar o impossível, ele realmente quer dizer isso. Essa conclusão não é a de um filósofo. Sua própria observação da infelicidade humana o levou a essa conclusão. Freud não é pessimista, mas ao observar milhares de seres humanos, ao penetrar profundamente em sua psique, percebeu que o ser humano é feito de tal maneira que tem um processo embutido de ser infeliz. No máximo ele pode ficar confortável, mas nunca em êxtase; no máximo ele pode tornar a vida um pouco mais conveniente, seja por meio da tecnologia científica, de mudanças sociais, de uma melhor economia e de outras coisas, mas o ser humano permanecerá atormentado da mesma maneira. Como Freud pode acreditar que uma pessoa como Buda existiu? Tal serenidade parece ser um sonho; Buda é apenas um sonho da humanidade.

Essa idéia surge porque Buda é muito raro, muito excepcional; ele não é a regra.

Por que o ser humano permaneceu em tal tormento? E o milagre é que todos *querem* ser felizes. Não se pode encontrar uma única pessoa que *queira* ser infeliz; mesmo assim, todos estão infelizes. Todos desejam ser felizes, plenos, serenos, silenciosos, alegres, celebrar, mas isso parece impossível. Ora, deve haver uma causa muito profunda, tão profunda que a análise freudiana não pode alcançar, que a lógica não pode penetrar.

Um ponto básico precisa ser entendido: o ser humano deseja a felicidade, e por isso ele é infeliz. Quanto mais você desejar ser feliz, mais infeliz ficará. Ora, isso parece ser muito absurdo, mas essa é a causa básica. E, quando você entende o processo de como a mente humana funciona, será capaz de perceber isso.

O ser humano deseja ser feliz, daí ele criar a infelicidade. Se você deseja se livrar da infelicidade, terá de se livrar de seu desejo de ser feliz, e então ninguém poderá deixá-lo infeliz. É aí que Freud não compreendeu; ele não pôde entender que o próprio desejo de ser feliz pode ser a causa da infelicidade.

Como isso acontece? Em primeiro lugar, por que você deseja a felicidade? E o que esse desejo faz a você?

No momento em que deseja a felicidade, você já se afastou do presente, do existencial, e penetrou no futuro, o qual não existe, o qual ainda não veio. Você penetrou em um sonho. Ora, os sonhos nunca podem nos preencher. Seu desejo de felicidade é um sonho, e o sonho é irreal. Por meio do irreal, ninguém jamais foi capaz de alcançar o real; você pegou o bonde errado.

Desejar a felicidade simplesmente mostra que você não está feliz neste exato momento, simplesmente mostra que você é um ser infeliz. E um ser infeliz projeta que no futuro, em alguma época, em algum dia, de alguma maneira, ele será feliz. Sua projeção vem a partir da sua infelicidade; ele carrega as próprias sementes da infelicidade. Ela vem a partir de você e não pode ser diferente de você; ela é a sua filha, a face dela será como a sua, seu sangue estará circulando no corpo dela... A infelicidade será a sua continuidade.

Você está infeliz hoje e projeta que amanhã será feliz, mas o amanhã é uma projeção sua, uma projeção de tudo o que você é hoje. Você está infeliz, e o amanhã virá dessa infelicidade e você estará mais infeliz. É claro, a partir de mais infelicidade, você novamente desejará mais felicidade no futuro. Então você é pego em um círculo vicioso: quanto mais infeliz você ficar, mais desejará a felicidade; quanto mais desejar a felicidade, mais infeliz ficará. Ora, isso é como um cachorro perseguindo o próprio rabo.

No Zen há uma certa frase para isso; eles dizem que é como açoitar a carroça. Se os cavalos não estiverem andando e a pessoa ficar açoitando a carroça, isso não será de ajuda. Você está atormentado, então qualquer coisa que possa sonhar, qualquer coisa que possa projetar, irá trazer mais tormento.

Dessa maneira, o primeiro ponto é não sonhar, não projetar, é estar aqui e agora. Seja o que for, simplesmente esteja aqui e agora, e uma incrível revelação está esperando por você.

A revelação é que ninguém pode ser infeliz no aqui e agora.

Você já ficou infeliz no aqui e agora? Exatamente neste momento, há alguma possibilidade de ser infeliz *exatamente agora*? Você pode pensar sobre o ontem e ficar infeliz, pode pensar sobre o amanhã e ficar infeliz, mas *exatamente neste preciso momento*, no pulsar e no palpitar deste momento real, você pode ser infeliz? Sem nenhum passado, sem nenhum futuro?

Você pode trazer a infelicidade do passado, da memória. Alguém o insultou ontem e você ainda pode carregar a ferida, ainda pode carregar a mágoa, ainda pode se sentir infeliz a respeito, perguntando-se por que isso lhe aconteceu, por que a pessoa o insultou. Você fez tanto bem a ela e sempre a ajudou, sempre foi um amigo, e ela o insultou! Você está jogando com algo que não mais existe; o ontem se foi.

54 ALEGRIA

Ou você pode ficar infeliz pelo amanhã. Amanhã seu dinheiro acabará, então aonde você irá? O que você irá comer? Seu dinheiro acabará amanhã! Então a infelicidade entra em cena. Ou ela vem do ontem ou do amanhã, mas nunca está no aqui e agora. Exatamente neste momento, no agora, a infelicidade é impossível.

Se você aprendeu pelo menos isso, pode se tornar um buda. Então ninguém está obstruindo seu caminho, então você pode se esquecer de todos os Freuds, então a felicidade não é apenas possível, mas já aconteceu. Ela está à sua frente e você a está perdendo por insistir em olhar para os lados.

A felicidade está onde você está; onde você está, a felicidade ali está. Ela o circunda, é um fenômeno natural, como o ar, como o céu. A felicidade não é para ser procurada, pois é a própria matéria da qual o universo é feito; a alegria é a própria matéria da qual o universo é feito. Mas você precisa olhar direto, precisa penetrar no imediato. Se você olhar para os lados, então perderá.

Você perde por sua causa, perde por ter uma abordagem equivocada.

Mas insista em morrer para o passado e em nunca pensar no futuro, e então tente ser infeliz; você fracassará! Você não pode ser infeliz; seu fracasso é absolutamente certo, ele pode ser predito. Você não pode conseguir; não importa quão eficiente você seja em ser infeliz, não importa quão bem treinado, você não pode criar a infelicidade *neste* exato momento.

Desejar a felicidade o ajuda a olhar para algum outro lugar, e então você continua perdendo-a de vista. A felicidade não é para ser criada; ela deve apenas ser *percebida*. Ela já está presente; neste exato momento você pode ficar feliz, imensamente feliz.

É assim que aconteceu com Buda. Ele era o filho de um rei e tinha tudo, mas não era feliz e ficou cada vez mais infeliz, pois quanto mais você tem, mais infeliz fica. Esse é o tormento dos ricos. É isso o que está acontecendo hoje nos Estados Unidos: quanto mais eles ficam ricos, mais infelizes...; quanto mais ficam ricos, mais ficam sem saber o que fazer...

Em busca

Os pobres sempre estão certos sobre o que fazer: eles precisam ganhar dinheiro, precisam construir uma boa casa, precisam comprar um carro, precisam mandar os filhos para a universidade... Eles sempre têm um programa esperando por eles e ficam ocupados, têm um futuro, têm esperança: "Mais dia menos dia..." Eles permanecem atormentados, mas há esperança.

O rico está atormentado, e a esperança também desapareceu, o que faz com que o tormento seja duplo. Não se pode encontrar uma pessoa mais pobre do que um rico; ele é duplamente pobre. Ele continua projetando-se no futuro, mas agora sabe que o futuro não vai supri-lo com nada, porque tudo o que ele precisa, ele já tem. Ele fica perturbado, sua mente fica cada vez mais ansiosa, apreensiva; ele fica angustiado. É isso que aconteceu com Buda.

Ele era rico, tinha tudo o que era possível ter e ficou muito infeliz. Um dia ele fugiu de seu palácio, deixou todas as riquezas, sua bela esposa, seu filho recém-nascido. Ele fugiu, tornou-se um mendigo e começou a procurar a felicidade. Foi a esse guru, àquele guru e perguntou a todos o que fazer para ser feliz, e, é claro, havia mil e uma pessoas dispostas a aconselhá-lo, e ele seguiu o conselho de todas. E, quanto mais ele seguia esses conselhos, mais confuso ficava.

Buda tentou tudo o que lhe disseram. Alguém dizia: "Faça Hatha Ioga", e ele praticava Hatha Ioga. Ele fazia as posturas da ioga e as fazia ao extremo, mas nada veio daí. Talvez você possa ter um corpo melhor ao praticar Hatha Ioga, mas não pode ficar feliz. Não faz diferença apenas ter um corpo melhor, um corpo mais saudável. Com mais energia, você terá mais energia à sua disposição para ficar infeliz, e ficará infeliz. O que você fará com ela? Se você tiver mais dinheiro, o que fará com ele? Você fará o que pode fazer, e, se um pouco de dinheiro deixa você tão atormentado, mais dinheiro o deixará mais atormentado. Trata-se de uma simples aritmética.

Buda abandonou a ioga e foi a outros professores: os Raja iogues, que não ensinam posturas corporais, mas apenas mantras, cânticos e

ALEGRIA

meditações. Ele também fez isso, mas nada veio daí. Ele estava *realmente* buscando, e, quando alguém está realmente buscando, então nada pode ajudar, então não há remédio.

As pessoas medíocres param em algum lugar pelo caminho; elas não são buscadoras reais. Um buscador real é aquele que vai até o extremo da busca e vem a perceber que toda a busca é tolice. A própria busca é uma maneira de desejar, e um dia Buda percebeu isso. Ele deixou seu palácio, deixou suas posses mundanas e, um dia, após seis anos de busca espiritual, abandonou toda a busca. A busca material foi abandonada antes, e agora ele abandonou a busca espiritual; este mundo foi abandonado antes, e agora ele também abandonou o outro mundo.

Ele ficou completamente livre de desejos... e naquele exato momento aconteceu, naquele exato momento houve a bênção. Todos os desejos foram abandonados, todas as esperanças foram abandonadas, deixadas de lado, e, repentinamente, Gautama Sidarta se tornou Buda. Isso sempre esteve presente, mas ele estava olhando para um outro lugar. E estava presente dentro e fora, pois é disso que o universo é feito. Isso é a plenitude, é a verdade, é divino.

DA AGONIA AO ÊXTASE

Alegria é entrar em seu próprio ser.
No começo é difícil, árduo;
no começo você terá de encarar a aflição.
O caminho é enorme,
porém, quanto mais você penetrar nele,
maior será a recompensa.

O ENTENDIMENTO É A CHAVE

Você precisa entender uma coisa: a iluminação não é uma fuga da dor, mas um entendimento da dor, um entendimento de sua angústia, um entendimento de sua infelicidade; não um disfarce, não um substituto, mas um profundo discernimento. "Por que estou infeliz, por que há tanta ansiedade, por que há tanta angústia, quais são as causas em mim que as estão criando?" E perceber essas causas claramente é livrar-se delas.

Um discernimento sobre a sua infelicidade traz uma libertação da infelicidade, e o que permanece é a iluminação. A iluminação não é algo que vem a você; ela se dá quando a dor, a aflição, a angústia e a ansiedade foram entendidas perfeitamente bem e evaporaram, pois agora

ALEGRIA

elas não têm motivo de existir em você; esse estado é a iluminação. Pela primeira vez ela lhe trará o contentamento real, a plenitude real, o êxtase autêntico. E somente então você poderá comparar.

O que antes você costumava chamar de "contentamento" não era contentamento; o que antes você costumava chamar de "felicidade" não era felicidade. Mas agora você nada tem com o que compará-la.

Quando a iluminação lhe der o sabor do real, você perceberá que todos os seus prazeres e todas as suas felicidades eram simplesmente constituídos da matéria da qual os sonhos são feitos; eles não eram reais. E o que veio agora, veio para sempre.

Esta é a definição do real: um contentamento que vem e que nunca o deixa novamente é o contentamento real. Um contentamento que vem e vai não é contentamento, mas simplesmente um intervalo entre dois tormentos, assim como chamamos um intervalo entre duas guerras de "período de paz"; não é um período de paz, mas simplesmente a preparação para uma outra guerra. Se a guerra é uma guerra positiva, o período entre duas guerras é uma guerra negativa, uma guerra fria. Ela segue em frente nos bastidores, e acontece a preparação para a guerra quente.

Tudo o que vem e vai é um sonho. Deixe que esta seja a definição: tudo o que vem e nunca vai é a realidade.

Tente entender a sua infelicidade. Viva-a, vá até a profundidade dela, descubra a causa, o motivo de ela existir. Deixe que o entendimento seja a sua meditação.

E tente também entender o seu contentamento, a sua felicidade, e descobrirá a superficialidade deles. Uma vez que tenha se dado conta de que sua felicidade é superficial e de que sua angústia é muito profunda, você pode mudar todo o seu estilo de consciência, e isso está em suas mãos. Seu contentamento pode se tornar todo o seu ser, e nem mesmo um pequeno espaço é deixado para o descontentamento.

Seu amor se torna sua própria vida, e ele permanece. O tempo passa, mas o que você atingiu segue se aprofundando. Cada vez mais flo-

Da agonia ao êxtase   59

res, cada vez mais canções nascem a partir dele. Chamamos a isso de iluminação. A palavra é oriental, mas a experiência nada tem a ver com o Oriente ou com o Ocidente.

PÃO E CIRCO

Normalmente o que consideramos como alegria não é alegria; no máximo se trata de entretenimento, e é apenas uma maneira de evitar a si mesmo, de intoxicar a si mesmo, de mergulhar em algo para que você possa se esquecer de sua infelicidade, de sua preocupação, de sua angústia, de sua ansiedade.

Todos os tipos de entretenimento são considerados como sendo alegria, mas eles não são! Tudo o que vem de fora não é alegria, não pode ser; tudo o que depende de algo não é alegria, não pode ser. A alegria surge de sua própria essência; ela é absolutamente independente de qualquer circunstância externa. E ela não é uma fuga de si mesmo, mas realmente encontrar a si mesmo. A alegria surge apenas quando você chega em casa.

Assim, tudo o que é conhecido como alegria é apenas o contrário, o diametralmente oposto, e não alegria. Na verdade, por não ter alegria, você procura entretenimentos.

Aconteceu de um dos maiores romancistas russos, Maxim Gorky, visitar os Estados Unidos. Foi-lhe mostrado todos os tipos de divertimento que os americanos criaram para se entreterem, para se perderem. O seu guia esperava que ele ficasse muito feliz, porém, quanto mais Maxim Gorky via o que o guia lhe mostrava, mais infeliz e triste ele parecia.

O guia lhe perguntou: "O que há? Você não pode entender?"

Maxim Gorky respondeu: "Posso entender, e é por isso que estou me sentindo triste. Este país não deve ter alegria; senão, não haveria necessidade de tantos entretenimentos."

Somente uma pessoa sem alegria precisa de entretenimento. Quanto mais o mundo ficar sem alegria, mais precisaremos de televisão, de cinemas, de cidades enfeitadas e mil e uma coisas. Precisamos cada vez mais de bebidas alcoólicas, cada vez mais de novos tipos de droga, apenas para evitar a infelicidade na qual estamos, apenas para não encarar a angústia na qual estamos, apenas para, de alguma maneira, nos esquecermos de tudo. Mas, ao esquecer, nada é alcançado.

Alegria é entrar em seu próprio ser. No começo é difícil, árduo; no começo você terá de encarar a aflição. O caminho é enorme, porém, quanto mais você penetrar nele, maior será o pagamento, maior será a recompensa.

Quando você aprender a encarar a sua infelicidade, começará a ser alegre, pois, nesse próprio encarar, a infelicidade começa a desaparecer e você começa a ficar cada vez mais integrado.

Um dia a infelicidade estará presente, e você a encarará — e, de repente, a quebra: você pode perceber a infelicidade separada de você e você separado dela. Você sempre esteve separado; ela era apenas uma ilusão, uma identificação que você teve. Agora você sabe que você não é isso; então há um acesso de alegria, uma explosão de alegria.

O ÊXTASE É REBELDE

Toda criança nasce extasiada; o êxtase é natural, e não algo que acontece apenas aos grandes sábios. O êxtase é algo que todos trazemos conosco ao mundo, todos vêm com ele. Ele é a essência mais profunda da vida, é parte do estar vivo. Vida é êxtase. Toda criança o traz ao mundo, mas então a sociedade salta sobre ela e começa a destruir a possibilidade do êxtase, a tornar a criança infeliz, a condicioná-la.

A sociedade é neurótica e não pode permitir que pessoas extasiadas estejam aqui, pois são perigosas para ela. Tente entender o mecanismo; então as coisas serão mais fáceis.

Não se pode controlar uma pessoa extasiada, é impossível. Pode-se controlar apenas uma pessoa infeliz; uma pessoa extasiada fatalmente é livre. Êxtase é liberdade. Quando você está extasiado, não pode

Da agonia ao êxtase 61

ser reduzido a um escravo, não pode ser destruído tão facilmente, não pode ser persuadido a viver em uma prisão. Você gostaria de dançar sob as estrelas, de caminhar com o vento e de conversar com o sol e com a lua. Você precisará do vasto, do infinito, do enorme, do grandioso. Você não poderá ser seduzido a viver em uma cela escura, não poderá ser transformado em um escravo. Você viverá sua própria vida e fará as suas coisas.

Isso é muito difícil para a sociedade. Se houvesse muitas pessoas extasiadas, a sociedade sentiria que está se desintegrando, sua estrutura não mais se sustentaria. As pessoas extasiadas serão rebeldes. Lembre-se: não chamo uma pessoa extasiada de "revolucionária", mas de "rebelde". Um revolucionário é alguém que deseja mudar a sociedade, mas deseja substituí-la por uma outra sociedade. Um rebelde é alguém que deseja viver como um indivíduo e gostaria que não houvesse nenhuma estrutura social rígida no mundo; ele é alguém que não deseja substituir esta sociedade por outra, pois todas as sociedades provaram ser iguais. O capitalista, o comunista, o fascista e o socialista, todos eles são primos irmãos; não faz muita diferença. Sociedade é sociedade. E todas as religiões provaram ser iguais, a hindu, a cristã, a muçulmana... Uma vez que a estrutura fique poderosa, não deseja que ninguém seja extasiado, pois o êxtase é contra a estrutura.

Escute e reflita sobre isto: o êxtase é contra a estrutura. Ele é rebelde, e não revolucionário. Um revolucionário deseja uma outra estrutura de seu próprio desejo, de sua própria utopia, mas igualmente uma estrutura. Ele deseja estar no poder, deseja ser o opressor e não o oprimido, o explorador e não o explorado, comandar e não ser comandado.

Um rebelde é aquele que nem deseja ser comandado nem deseja comandar; um rebelde é aquele que não deseja nenhum comando no mundo; ele é anarquista, é aquele que confia na natureza e não nas estruturas feitas pelas pessoas; ele confia que se a natureza for deixada por conta própria tudo será belo. Ela é bela!

Um universo tão vasto segue em frente sem nenhum governo. Os pássaros, os outros animais, as árvores, tudo segue em frente sem nenhum governo. Por que o ser humano precisa de governo? Algo deve ter saído errado. Por que o ser humano é tão neurótico a ponto de não poder viver sem governantes?

Ora, há um círculo vicioso. O ser humano pode viver sem governantes, mas nunca lhe deram nenhuma oportunidade, e os governantes não lhe darão nenhuma oportunidade. Uma vez que se saiba que é possível viver sem governantes, quem gostaria que eles existissem? Quem lhes daria apoio? No momento, você está dando apoio a seus próprios inimigos e insiste em votar em seus próprios inimigos. Dois inimigos um contra o outro numa disputa presidencial, e você escolhe, mas ambos são iguais. É como se lhe dessem liberdade de escolher em qual prisão você quer entrar, e você vota com satisfação: eu gostaria de ir à prisão A ou B, acredito na prisão republicana, acredito na prisão democrática... Mas ambas são prisões, e uma vez apoiada uma prisão, ela tem seus próprios investimentos e não lhe permitirá ter uma amostra da liberdade.

Dessa maneira, desde a infância não nos deram permissão de saborear a liberdade, pois, quando soubermos o que é liberdade, não concederemos, não nos comprometeremos, não estaremos dispostos a viver em nenhuma cela escura. Preferiremos morrer do que permitir que nos reduzam a escravos; nós seremos assertivos.

É claro que um rebelde não se interessará em ter poder sobre os outros. Este é um sinal de neurose: estar demasiadamente interessado em ter poder sobre os outros. Isso simplesmente mostra que no fundo você é impotente e tem medo de que se não ficar poderoso os outros o dominarão.

Maquiavel diz que a melhor defesa é o ataque; a melhor maneira de se proteger é atacar primeiro. Esses políticos por todo o mundo, seja no Oriente ou no Ocidente, no fundo são pessoas muito fracas, sofrendo de complexo de inferioridade, com medo de que se não forem

Da agonia ao êxtase 63

politicamente poderosos alguém os explorará; portanto, por que não explorar, em vez de ser explorado? O explorado e o explorador estão ambos navegando no mesmo barco e ambos estão remando o barco, fazendo com que ele flutue.

Uma vez que a criança conheça o sabor da liberdade, jamais fará parte de nenhuma sociedade, de nenhuma igreja, de nenhum clube, de nenhum partido político. Ela permanecerá um indivíduo, permanecerá livre e criará pulsações de liberdade à sua volta. Seu próprio ser se tornará uma porta para a liberdade.

A criança não tem permissão de saborear a liberdade. Se ela perguntar à mãe: "Mamãe, posso sair? O dia está ensolarado e o ar está bastante fresco, e gostaria de correr em volta do quarteirão", imediata, obsessiva e compulsivamente a mãe dirá: "Não!" A criança não pediu muito, apenas gostaria de sentir o sol da manhã, de sentir o ar agradável, de desfrutar a luz do sol, o ar e a companhia das árvores, ela não pediu nada demais, porém a partir de uma profunda compulsão a mãe diz não. É muito difícil ouvir uma mãe dizer "Sim", muito difícil ouvir um pai dizer "Sim", e mesmo se disserem "Sim", eles o dizem de uma maneira muito relutante; mesmo se disserem "Sim", fazem com que a criança se sinta culpada, com que sinta que os está forçando, que está fazendo alguma coisa errada.

Sempre que a criança se sente feliz, não importa o que ela esteja fazendo, uma pessoa ou outra inevitavelmente virá e a interromperá: "Não faça isso!" Aos poucos a criança entende: "Tudo o que me faz feliz está errado." E, é claro, ela nunca se sente feliz ao fazer o que os outros lhe dizem para fazer, pois aquilo não é uma vontade espontânea para ela. Assim, ela vem a saber que ser infeliz está certo, que ser feliz está errado, e isso fica profundamente associado.

Se ela deseja abrir o relógio e olhar o que tem dentro, toda a família salta sobre ela: "Pare! Você quebrará o relógio. Isso não está certo." Ela estava apenas examinando o relógio, era uma curiosidade científica, e ela desejava saber o que fazia barulho nele. Não tinha nada de mais abri-lo, e o relógio não é mais valioso do que a sua curiosidade, do que a sua mente investigadora. O relógio não tem valor, e mesmo se ele quebrar nada será destruído, mas uma vez destruída a mente investigadora muito é destruído; então ela nunca investigará a verdade.

Ou, é uma bela noite, o céu está repleto de estrelas e a criança quer sentar lá fora, mas é hora de ir dormir. Ela não está com sono, mas muito "ligada". A criança fica perplexa: pela manhã, quando ela está com sono, todos ficam em cima: "Levante-se!" Quando ela está curtindo, quando é tão gostoso ficar na cama, quando ela quer se virar, dormir e sonhar mais um pouco, então todos estão contra ela: "Levante-se! É hora de se levantar." Agora ela está bastante desperta e quer curtir as estrelas. Esse momento é muito poético, muito agradável; ela se sente empolgada. Como ela pode ir dormir com tal empolgação? Ela está muito agitada, quer cantar e dançar, e eles a estão forçando a ir dormir: "São nove horas e é hora de ir para a cama!" Ora, ela estava feliz em ficar acordada, mas é forçada a ir dormir.

Quando ela está brincando, é forçada a sentar-se à mesa do jantar sem estar com fome. E, quando ela está com fome, a mãe diz: "Agora não é hora." Dessa maneira, insistimos em destruir toda a possibilidade de ela ficar extasiada, toda a possibilidade de ser feliz, alegre, de estar em deleite. O que deixa a criança espontaneamente feliz parece errado, e o que absolutamente não lhe desperta interesse parece ser o certo.

Na escola, um pássaro de repente começa a cantar fora da sala de aula, e a criança é toda atenção ao pássaro, é claro, e não ao professor de matemática que está diante da lousa com seu giz sem graça. Mas o professor é mais poderoso, politicamente mais poderoso do que o pássaro. Certamente o pássaro não tem poder, mas tem beleza; ele atrai a criança sem martelar em sua cabeça: "Fique atento! Concentre-se em mim!" Não; simples, espontânea e naturalmente a consciência da criança começa a fluir para fora da janela e vai ao pássaro. Seu coração está ali, mas ela precisa olhar para a lousa. Não há nada para olhar, mas ela precisa fingir.

A felicidade está errada. Sempre que houver felicidade, a criança começará a ficar com medo de que algo sairá errado. Se a criança estiver brincando com seu próprio corpo, isso estará errado; se estiver brincando com seu órgão genital, isso estará errado. E esse é um dos momentos mais extasiantes na vida de uma criança. Ela curte o seu corpo, fica excitada. Mas toda excitação precisa ser cortada, toda alegria precisa ser destruída. Isso é neurótico, mas a sociedade é neurótica.

O mesmo foi feito aos pais pelos pais deles; o mesmo eles estão fazendo a seus filhos. Dessa maneira, uma geração fica a destruir a outra; dessa maneira, transferimos nossa neurose de uma geração à outra, e toda a terra se tornou um hospício. Ninguém parece saber o que é êxtase; ele está perdido, pois barreiras e mais barreiras foram criadas.

Observo que, quando as pessoas começam a meditar e a sentir um transbordar de energia, quando começam a se sentir felizes, imediatamente me procuram e dizem: "Está acontecendo uma coisa muito estranha; estou me sentindo feliz e também estou me sentindo culpada sem nenhuma razão." Culpada? Elas também estão confusas. Por que a pessoa deveria se sentir culpada? Elas sabem que não há nada, que não fizeram nada de errado. De onde vem essa culpa? Ela vem daquele condicionamento profundamente enraizado de que a alegria está errada. Tudo bem estar triste, mas ser feliz não é permitido.

Morei em uma cidade em que o delegado de polícia era meu amigo; éramos amigos desde os tempos da universidade. Ele costumava vir a mim e dizer: "Sou tão infeliz. Ajude-me a sair dessa."

Eu dizia: "Você fala em sair dessa, mas não percebo que realmente queira sair desse estado. Em primeiro lugar, por que você escolheu trabalhar nesse departamento de polícia? Você deve ser infeliz e deseja que os outros também sejam infelizes."

Um dia pedi a três de meus amigos para andarem pela cidade e dançarem e manifestarem felicidade. Eu disse: "Simplesmente vão e façam disso um experimento." Dentro de uma hora, é claro, foram pegos pela polícia.

Telefonei ao delegado de polícia e perguntei: "Por que você prendeu meus amigos?"

Ele respondeu: "Essas pessoas parecem loucas."

Eu lhe indaguei: "Elas fizeram algo errado? Elas prejudicaram alguém?"

Ele afirmou: "Não, realmente elas não fizeram nada de errado."

"Então por que você as prendeu?"

Ele respondeu: "Mas elas estavam dançando na rua! E estavam dando gargalhadas!"

"Mas, se elas não fizeram mal a ninguém, por que você deveria interferir, por que deveria entrar em cena? Elas não atacaram ninguém, não entraram no território de ninguém e estavam apenas dançando. Pessoas inocentes, rindo..."

Ele disse: "Você está certo, mas isso é perigoso..."

"Por que é perigoso? Ser feliz é perigoso? Estar extasiado é perigoso?"

Ele entendeu o ponto e imediatamente as soltou. Ele veio correndo a mim e disse: "Você pode estar certo. Não posso permitir que eu seja feliz e não posso permitir que mais ninguém seja feliz."

Esses são os seus políticos, os seus delegados de polícia, os seus juízes, os seus magistrados, os seus líderes, os seus pretensos santos, os seus sacerdotes, os seus papas; essas são as pessoas. Todas elas fazem um grande investimento em sua infelicidade; elas dependem de seu tormento. Se você estiver infeliz, elas ficam felizes.

Somente uma pessoa infeliz irá ao templo rezar. Uma pessoa feliz irá ao templo? Para quê?

Ouvi dizer que Adolf Hitler estava conversando com um diplomata britânico. Eles estavam no décimo terceiro andar de um edifício, e, para impressionar o diplomata, Hitler ordenou que um soldado alemão saltasse da janela. E o soldado simplesmente saltou sem hesitar e, é claro, morreu. O diplomata britânico não pôde acreditar, era inacreditável. Ele ficou muito chocado. Que desperdício! E por nenhuma razão! E para impressioná-lo ainda mais, Hitler ordenou a outro soldado: "Salte!", e o outro saltou. E para impressioná-lo ainda mais, ordenou a um terceiro soldado.

Nessa altura o diplomata havia se recuperado do susto e conseguiu correr e impedir o soldado de saltar, perguntando-lhe: "O que você está fazendo, destruindo sua vida sem nenhum motivo?" O soldado respondeu: "Quem deseja viver, senhor, neste país e sob o comando deste louco? Quem deseja viver com este Adolf Hitler? É melhor morrer! Isso é liberdade."

Quando as pessoas estão infelizes, a morte parece ser a liberdade; quando as pessoas estão infelizes, ficam tão cheias de fúria e de raiva que desejam matar, mesmo se houver risco de serem mortas. Os políticos existem porque você é infeliz. Assim, o Vietnã pode continuar, Bangladesh, os países árabes... A guerra continua, em um lugar ou outro, a guerra continua.

Essa situação precisa ser entendida: por que ela existe e como você pode sair dela. A menos que você saia dela, a menos que entenda todo o mecanismo, o condicionamento, a hipnose na qual está vivendo, a menos que assuma o controle sobre ela, que a observe e a abandone, nunca ficará extasiado, nunca será capaz de cantar a canção que veio para cantar. Então você morrerá sem cantar a sua canção, então você morrerá sem dançar a sua dança, então você morrerá sem jamais ter vivido.

Sua vida é apenas uma esperança, e não uma realidade. Ela pode ser uma realidade.

REAL OU SIMBÓLICO?

Esta neurose que você chama de sociedade, de civilização, de cultura, de educação, tem uma estrutura sutil. A estrutura é: ela lhe dá idéias simbólicas para que, aos poucos, a realidade seja anuviada, torne-se enevoada e você não possa ver o real e comece a se apegar ao irreal.

ALEGRIA

Por exemplo: a sociedade lhe diz para ser ambicioso, ajuda-o a se tornar ambicioso. Ambição significa viver na esperança, viver no amanhã, significa que o hoje precisa ser sacrificado pelo amanhã.

O hoje é tudo o que existe, o agora é o único tempo em que você está, o único tempo em que você estará. Se você deseja viver, é agora ou nunca.

Mas a sociedade o torna ambicioso. Desde a infância, quando você vai à escola e a ambição é colocada em você, você fica envenenado: enriqueça, seja poderoso, seja alguém. Ninguém lhe diz que você já tem a capacidade para ser feliz; todos dizem que você pode ter a capacidade de ser feliz somente se satisfizer certas condições, como ter muito dinheiro, uma casa grande, um carrão, isso e aquilo, e somente então poderá ser feliz.

A felicidade nada tem a ver com essas coisas; ela não é uma conquista, mas a sua natureza. Os animais estão felizes sem nenhum dinheiro, e não são Rockefellers. E nenhum Rockefeller é tão feliz como um veado ou um cachorro. Os animais não têm poder político, não são primeiros-ministros e presidentes, mas são felizes. As árvores são felizes; não fosse assim, teriam deixado de florescer. Elas ainda florescem, a primavera ainda vem, elas ainda dançam, ainda cantam, ainda despejam seu ser aos pés do divino. A prece delas é contínua, a veneração delas está sempre acontecendo, mas elas não vão a nenhuma igreja, pois não há necessidade. Deus vem a elas. No vento, na chuva, no sol, Deus vem a elas.

Somente o ser humano não é feliz, pois ele vive na ambição, e não na realidade. A ambição é um truque, um truque para distrair a mente. A vida simbólica substituiu a vida real.

Observe isso na vida. A mãe não pode amar o filho tanto quanto ele deseja que ela o ame, pois a mãe vive na cabeça. Sua vida não foi gratificante, sua vida amorosa foi um desastre, ela não foi capaz de florescer; viveu na ambição e tentou controlar o seu homem, possuí-lo; tem sido ciumenta e não uma mulher amorosa. Se ela não tem sido uma mulher amorosa, como repentinamente poderá ser amorosa com o filho?

Eu estava lendo um livro de R. D. Laing, *The facts of life* (Os fatos da vida), que ele me enviou. No livro ele se refere a um experimento no qual um psicanalista perguntou a muitas mães: "Quando seu filho estava para nascer, você estava realmente em um espírito de boas-vindas, estava pronta a aceitar a criança?" Ele fez um questionário: "A gravidez foi acidental ou você a desejou?" Noventa e nove por cento das mulheres responderam: "Foi acidental, não a desejávamos." Depois: "Quando a gravidez aconteceu, você estava hesitante? Você queria a criança ou queria abortar? Você tinha clareza a respeito?" Muitas delas disseram que hesitaram por semanas, avaliando se faziam um aborto ou se tinham a criança. Então a criança nasceu... elas não puderam decidir. Talvez houvesse outras considerações, como uma consideração religiosa, pois o aborto poderia ser um pecado, poderia levá-las ao inferno. Elas podiam ser católicas, e a idéia de que o aborto é assassinato as impediu de fazê-lo. Ou poderia haver considerações sociais, ou o marido queria a criança, ou quiseram a criança como uma continuidade de seus egos, mas a criança não era desejada. Raramente houve uma mãe que dissesse: "Sim, a criança foi bem-vinda. Eu estava esperando por ela e estava feliz."

Ora, uma criança nasce sem ser bem-vinda, e desde o começo a mãe estava em dúvida se a teria ou não... Isso deve trazer conseqüências, a criança deve sentir essas tensões. Quando a mãe pensava no aborto, a criança deve ter ficado magoada, pois ela é parte do corpo da mãe, e toda vibração atingirá a criança. Ou, quando a mãe pensa e hesita e está para decidir o que fazer e o que não fazer, a criança também sentirá um tremor, um chacoalho, pois está entre a vida e a morte. Então de algum jeito a criança nasce, e a mãe pensa que foi apenas acidental; eles tentaram o controle da natalidade, tentaram isso e aquilo, mas tudo fracassou e a criança está ali, e eles têm de tolerar.

Essa tolerância não é amor. A criança sente falta do amor desde o início, e a mãe também se sente culpada, pois não está dando tanto amor como seria o natural. Então ela começa a substituir, forçando a criança a comer demais; ela não pode preencher a alma da criança com amor e

70   ALEGRIA

tenta empanturrar o seu corpo com comida. Trata-se de um substituto, e você pode observar: as mães são muito obsessivas. A criança diz: "Não estou com fome", e a mãe insiste em forçar. Ela não dá ouvidos à criança, não a escuta e substitui: não pode dar amor, então dá comida. A criança cresce, e a mãe não pode amar, então lhe dá dinheiro. O dinheiro se torna um substituto do amor.

E a criança também aprende que o dinheiro é mais importante do que o amor. Se ela não tiver amor, não há com o que se preocupar, mas precisa ter dinheiro. Na vida, ela será gananciosa, correrá atrás de dinheiro como uma maníaca. Ela não se importará com o amor e dirá: "O mais importante primeiro. Primeiro eu preciso ter uma boa conta bancária, preciso ter esse tanto de dinheiro, e somente então posso me dar ao luxo de amar."

Ora, o amor não precisa de dinheiro; você pode amar como você é. E, se você acha que o amor precisa de dinheiro e você corre atrás dele, um dia poderá ter dinheiro e, de repente, se sentirá vazio, porque todos os anos foram desperdiçados acumulando dinheiro. E eles não foram apenas desperdiçados; todos esses anos foram anos de desamor; portanto, você praticou o desamor. Agora você tem dinheiro, mas não sabe amar, esqueceu-se da própria linguagem do sentimento, da linguagem do amor, da linguagem do êxtase.

Sim, o homem pode comprar uma bela mulher, a mulher pode comprar um belo homem, mas isso não é amor. Você pode comprar a mulher mais bela do mundo, mas isso não é amor. E ela se aproximará de você não porque o ama, mas por causa de sua conta bancária.

O dinheiro é um símbolo; o poder, o poder político, é um símbolo; a respeitabilidade é um símbolo. Essas não são realidades, mas projeções humanas; não são objetivas, não têm nenhuma objetividade. Essas coisas não existem e são apenas sonhos projetados por uma mente infeliz.

Se você deseja ficar extasiado, terá de abandonar o simbólico. Livrar-se do simbólico é livrar-se da sociedade, livrar-se do simbólico é tornar-se um indivíduo. Ao livrar-se do simbólico você tomou coragem de entrar no real, e somente o real é real; o simbólico não é real.

SER E TORNAR-SE

O que é êxtase? Algo a ser alcançado? Não. Algo que você deve ganhar? Não. Algo que você deve se tornar? Não. Êxtase é *existir*, tornar-se é infelicidade. Se você deseja se tornar algo, será infeliz. O tornar-se é a própria causa raiz da infelicidade. Se você deseja ficar extasiado, então isso acontece apenas agora, aqui e agora, neste exato momento. Neste exato momento você pode ser feliz, e ninguém está obstruindo o caminho. A felicidade é tão óbvia e tão fácil; ela é a sua natureza, você já a está carregando. Apenas lhe dê uma chance de florescer, de desabrochar.

E o êxtase não é da cabeça, lembre-se, mas do coração. O êxtase não é do pensar, mas do sentir. E você foi privado do sentir, foi cortado do sentir e não sabe o que é sentir. Até mesmo quando você diz: "Eu sinto", apenas acha que sente. Quando você diz: "Estou me sentindo feliz", observe, analise e descobrirá que você *pensa* que está feliz. Até mesmo o sentir precisa passar pelo pensar, precisa passar pela censura do pensar, e somente quando o pensar aprova, ele é permitido. Se o pensar não o aprovar, ele é jogado no inconsciente, no porão de seu ser, e é esquecido.

Torne-se mais do coração e menos da cabeça. A cabeça é apenas uma parte sua, e o coração, no sentido que estou empregando a palavra, é todo o seu ser; o coração é a sua totalidade. Assim, sempre que você estiver total em algo, você funciona a partir do sentir, e sempre que for parcial em algo, funciona a partir da cabeça.

Observe um pintor pintando... e essa é a diferença entre um artista verdadeiro e um técnico. Se o pintor for apenas um técnico que conhece a técnica de pintar, que tem o *know-how*, que conhece tudo sobre cores, pincéis e telas e que passou por um treinamento, ele funcionará por meio da cabeça; ele será um técnico. Ele pintará, mas não será total na pintura. Depois, observe um artista verdadeiro, que não é um técnico. Ele estará absorto na pintura, inebriado, e não pintará apenas com as mãos ou a partir de sua cabeça, mas pintará com o seu ser todo; suas entranhas estarão participando, seus pés, seu sangue, seus ossos, sua medula, tudo estará participando da pintura. Você pode observar, pode perceber, pode sentir que ele está inteiro, absorto. Nada mais existe, ele está inebriado; naquele momento, seu ego não está presente, ele não é o executante, como seria o caso da cabeça. Naquele momento de total absorção, ele não é o autor, mas apenas uma passagem, como se o todo estivesse pintando por meio dele.

Quando você se depara com um dançarino de verdade, e não com alguém que apenas representa, percebe que ele não está dançando, não. Algo do além está dançando nele. Ele está totalmente na dança.

Sempre que você está totalmente em algo, fica extasiado. Quando você está parcialmente em algo, permanece infeliz, pois uma parte estará se movendo separadamente do todo. Haverá uma divisão, uma cisão, uma tensão, uma ansiedade.

Se você amar a partir da cabeça, seu amor não lhe dará nenhuma experiência extasiante. Se você meditar a partir da cabeça...

Eu costumava ir a um rio para nadar; eu o adorava. Sempre que eu voltava, um de meus vizinhos me observava e podia perceber que eu estava extasiado. Um dia ele me perguntou: "O que está acontecendo? Sempre o vejo ir ao rio, e por horas você fica lá e nada no rio. Eu irei com você, pois você parece muito feliz."

Eu disse: "Por favor, não venha. Você não entenderá e o rio ficará muito triste. Não, não venha, pois sua própria motivação será uma barreira. Você poderá nadar, mas ficará esperando esse sentimento de felicidade acontecer. Ele jamais acontecerá, pois acontece somente quando sua mente não está presente."

Nadar pode se tornar uma meditação, correr pode se tornar uma meditação, qualquer coisa pode se tornar uma meditação se a sua mente *não* estiver presente. O êxtase é do coração, é do ser total. Por "coração" quero dizer a sua unidade total e orgânica.

E dance hoje, e não amanhã. Deixe que a dança seja aqui e agora e deixe que ela venha de sua totalidade. Você se abandona, torna-se um ébrio.

Sim, a alegria é louca, e somente os loucos podem se dar ao luxo de tê-la. A pessoa sã comum é muito esperta, muito ladina, calculista; ela não pode se dar ao luxo de ter alegria, pois a alegria não pode ser controlada. Assim como eu disse que uma pessoa alegre não pode ser controlada pela sociedade, deixe-me também lhe dizer isto: você não pode controlar a sua alegria, não pode controlar o seu êxtase. Se você desejar permanecer no controle, nunca será alegre; então poderá apenas ser infeliz. Apenas a infelicidade pode ser controlada, seja pela sociedade ou por você mesmo.

Muitas pessoas me procuram e dizem que querem se livrar de suas infelicidades, mas não estão dispostas a se deixar ficar em um estado de descontrole. Elas também desejam controlar a alegria, sempre desejam permanecer no controle, sempre desejam permanecer como o mestre, o patrão. Isso não é possível; o patrão precisa ir embora. A alegria pode aflorar em seu ser somente quando todo o controle foi eliminado; a alegria não conhece controle, ela é selvagem.

O êxtase é selvagem e não pode ser controlado. Você terá de perder todo o controle, terá de mergulhar nele até seu abismo, e trata-se de um abismo sem fim. Você cai, cai e cai e nunca chega ao fundo, pois não há fim para a alegria. Ela é um processo infindável, é eterna e é tão imensa... como você pode controlá-la? A própria idéia é estúpida.

Quando você está dançando loucamente, cantando loucamente, quando está alegre sem nenhum controle, sem a presença de seu ego, quando a alegria é tão repleta, transbordante, inundando-o, e todo o controle é abandonado, então você verá um milagre. A morte e a vida estão dançando juntas, porque então toda a dualidade desaparece. Se *você* estiver dividido, a dualidade aparece. Se você estiver não dividido, a dualidade desaparece.

Quando você está dividido, todo o mundo está dividido; é a sua própria divisão que se projeta na tela do universo. Quando você está em um estado não-dividido, integrado, uno, orgânico e orgástico, toda dualidade desaparece; então a vida e a morte não são duas, não são opostas, mas complementares, dançando uma com a outra de mãos dadas; então mau e bom não são duas coisas diferentes e estão dançando um com o outro de mãos dadas; então a matéria e a consciência não são duas. É isso o que está acontecendo dentro de você: a alma está dançando com o corpo, o corpo está dançando com a alma. Eles não são dois, mas um só, absolutamente um só, manifestações de um só ser. O corpo nada mais é do que a alma visível, e a alma nada mais é do que o corpo invisível.

E Deus não está em algum lugar acima, nos céus. Ele está aqui e agora, nas árvores, nas rochas, em você, em mim, em tudo. Deus é a alma da existência, a essência invisível mais profunda. O interior está dançando com o exterior, o sublime está dançando com o profano, o sagrado está dançando com o não-sagrado e o pecador está dançando com o santo.

Uma vez que você tenha se tornado integrado, subitamente todas as dualidades desaparecem.

É por isso que digo que uma pessoa realmente sábia é também uma tola, precisa ser, pois a tolice e a sabedoria dançam juntas. E uma pessoa realmente sábia, um santo real, também é maroto, precisa ser, isso não pode ser evitado. Deus e o diabo não são dois. Você já pensou na palavra "diabo"? Ela vem da mesma raiz de "divino"; elas pertencem à mesma raiz. Ambas vêm da raiz sânscrita *diva*, e dela vem *deva*, e desta vem "divino", a partir do qual vem "diabo" (*devil*, em inglês).

No fundo, a árvore é uma só. Os ramos são muitos, movendo-se em diferentes dimensões e direções; são milhões de folhas... Mas, quanto mais fundo você for, você chega ao uno, a uma só árvore.

Quando você está dançando, tudo dança com você. Sim, o velho provérbio é verdadeiro: quando você chora, você chora sozinho; quando você ri, o mundo inteiro ri com você. Quando você está infeliz, você está separado.

A infelicidade o separa, e a separação o deixa infeliz. Elas estão juntas, são um só pacote. Quando você está infeliz, repentinamente fica separado. É por isso que o ego não pode se dar ao luxo de ser feliz, pois, se você fica feliz, o ego não pode existir; você deixa de estar separado. A pessoa egocêntrica não pode se dar ao luxo de ser extasiada. Como ela poderia? Pois, no êxtase, o ego não está presente. Isso é demais; ela prefere permanecer infeliz e criar mil e um tormentos à sua volta, apenas para ajudar o ego a existir.

Você já percebeu? Quando você está realmente feliz, seu ego desaparece; quando você está realmente feliz, de repente sente uma profunda unidade com o todo. Quando você está infeliz, deseja estar só; quando você está feliz, deseja compartilhar.

Quando Buda estava infeliz, foi para a floresta, fugiu do mundo. O que aconteceu depois dos seis anos? Quando ficou extasiado, ele voltou, voltou ao mundo. Tudo o que ele atingiu precisou ser compartilhado.

Na infelicidade você é como uma semente, e no êxtase você se torna uma flor, e, é claro, sua fragrância precisa ser liberada aos ventos.

Você também pode observar isso em sua vida, em uma escala menor. Quando você está infeliz, fecha as portas, não quer ver os amigos, não quer ir a lugar nenhum, não quer participar de nada. Você diz: "Deixe-me sozinho; por favor, deixe-me sozinho." Quando alguém fica muito, muito infeliz, ele se suicida. Qual é o significado disso? O que é o suicídio? O suicídio é apenas um esforço de se distanciar tanto do mundo que a pessoa não pode voltar. Ele é entrar absoluta e irreversivelmente na solidão, de tal modo que a pessoa não possa voltar. Suicídio é isso.

Você já ouviu falar de alguém se suicidando quando estava feliz, quando estava extasiado, quando estava dançando? Não, quando a dança surge, você se expande, escancara as suas portas, chama os amigos, os vizinhos, e diz: "Venham. Vou dar uma festa, vamos dançar e nos divertir. Tenho muito a compartilhar e gostaria de lhes dar isso." E quem chegar à sua porta, você o saúda e lhe dá boas-vindas. Todos são bem-vindos nos momentos em que você está feliz. Quando você está infeliz, mesmo os que sempre foram bem-vindos deixam de ser.

Se você dança, toda a existência se torna uma dança. Ela já é uma dança; os hindus dizem que ela é uma *Ras-Leela*, Deus está dançando, e, à volta de Deus, as estrelas, a lua, o sol e os planetas estão dançando.

Essa é a dança que está continuamente acontecendo, mas você a conhecerá somente quando aprender os caminhos da dança, a linguagem do êxtase.

Havia um soldado na Segunda Guerra Mundial que abandonava seu rifle no campo de batalha e corria para apanhar qualquer pedaço de papel que encontrava. Ele o examinava cuidadosamente e tristemente balançava a cabeça, jogando o papel de volta ao chão. Assim, ele foi hospitalizado, permanecendo mudo e mantendo-se intratável de sua compulsão obscura. Ele perambulava desesperado na enfermaria psiquiátrica, apanhando pedaços de papel com visível esperança, seguida de uma inevitável frustração. Considerado inabilitado para as forças armadas, um dia recebeu um papel de dispensa do exército e, ao recebê-lo, pela primeira vez no hospital soltou a voz: "É este!", gritou em êxtase. "É este!"

O êxtase é a liberdade suprema, e então a pessoa simplesmente grita de alegria: "É este! É este! *Eureka*! Achei!"

E a ironia é que você não precisa ir a lugar algum para encontrá-lo. Ele já está aí, pois é sua própria essência, seu próprio ser. Se você decidir encontrá-lo, poderá fazê-lo neste exato momento; não é preciso nenhum momento de adiamento. Uma sede intensa pode abrir a porta, uma grande urgência pode agora mesmo libertá-lo.

ENTENDENDO AS RAÍZES DA INFELICIDADE

RESPOSTAS A PERGUNTAS

Por que não abandonamos nossas aflições, nossa ignorância e nossa infelicidade? Como os seres humanos podem ser felizes e plenos?

A infelicidade tem muitas coisas a lhe dar, as quais a felicidade não pode dar. Na verdade, a felicidade tira muitas coisas de você, ela tira tudo o que você já teve, tudo o que você já foi; a felicidade o destrói. A infelicidade alimenta o seu ego, e a felicidade é basicamente um estado de ausência de ego. Esse é o problema, o ponto crucial do problema. É por isso que as pessoas acham difícil ser felizes, é por isso que milhões de pessoas no mundo precisam viver infelizes... decidiram viver infelizes. Isso lhe dá um ego muito cristalizado. Infeliz, você *existe*; feliz, você *não existe*. Na infelicidade há cristalização; na felicidade você fica difuso.

Se isso for entendido, então as coisas ficam muito claras. A infelicidade o torna especial; a felicidade é um fenômeno universal, não há nada de especial nela. As árvores são felizes, os animais são felizes, os pássaros são felizes, toda a existência é feliz, exceto o ser humano. Ao ser infeliz, o ser humano se torna muito especial, extraordinário.

A infelicidade o torna capaz de atrair a atenção das pessoas. Sempre que você está infeliz, você recebe atenção, simpatia, amor. Todos começam a cuidar de você. Quem deseja magoar uma pessoa infeliz? Quem tem inveja de uma pessoa infeliz? Quem deseja se opor a uma pessoa infeliz? Isso seria muito maldoso.

A pessoa infeliz é protegida, amada, amparada. Há um grande investimento na infelicidade. Se a esposa não for infeliz, o marido tende a simplesmente ignorá-la. Se ela é infeliz, o marido não pode se dar ao luxo de negligenciá-la. Se o marido é infeliz, toda a família, a esposa, os filhos, todos ficam à sua volta, preocupados com ele; isso dá um grande conforto. A pessoa sente que não está só, que tem família, amigos.

Quando você está doente, deprimido, infeliz, os amigos vêm visitá-lo, confortá-lo, consolá-lo. Quando você está feliz, os mesmos amigos ficam com inveja de você. Quando você está realmente feliz, percebe que o mundo inteiro se voltou contra você.

Ninguém gosta de uma pessoa feliz, pois ela machuca o ego dos outros. Os outros começam a sentir: "Você ficou feliz e nós ainda estamos nos arrastando na escuridão, na infelicidade, no inferno. Como você ousa ser feliz quando todos estão em tamanha aflição?!"

O mundo é constituído de pessoas infelizes, e ninguém é corajoso o suficiente para deixar o mundo inteiro contra ele; isso é muito perigoso, muito arriscado. É melhor se apegar à infelicidade, pois ela o mantém como parte da multidão. Feliz, você é um indivíduo; infeliz, você é parte da multidão, seja ela hindu, muçulmana, cristã, indiana, árabe, japonesa...

Feliz? Você sabe o que é felicidade? Ela é hindu, cristã, muçulmana? Felicidade é simplesmente felicidade. A pessoa é transportada para um outro mundo, não é mais parte do mundo que a mente humana criou, não é mais parte do passado, da feia história, deixa de ser parte do tempo. Quando você está realmente feliz e pleno, o tempo e o espaço desaparecem.

Albert Einstein disse que no passado os cientistas costumavam achar que havia duas realidades: espaço e tempo. Mas ele afirmou que es-

Entendendo as raízes da infelicidade

sas duas realidades não são duas, e sim duas faces da mesma realidade. Daí ele ter cunhado a palavra espaço-tempo; uma única palavra. O tempo nada mais é do que a quarta dimensão do espaço. Einstein não era um místico; do contrário teria introduzido também a terceira realidade: o transcendental, nem espaço nem tempo. Essa também existe, e a chamo de testemunho. E uma vez que essas três estejam presentes, você tem toda a trindade, tem o conceito de *trimurti*, as três faces de Deus. Então você tem todas as quatro dimensões; a realidade tem quatro dimensões: três dimensões do espaço e a quarta dimensão do tempo.

Mas há uma coisa a mais, a qual não pode ser chamada de quinta dimensão, pois não é a quinta realidade; ela é o todo, o transcendental. Quando você está extasiado, começa a penetrar no transcendental. Ele não é social, não é tradicional e nada tem a ver com a mente humana.

Sua pergunta é significativa: "O que é esse apego à infelicidade?"

Existem razões. Investigue a sua infelicidade, observe e será capaz de descobrir quais são as razões. E investigue esses momentos em que, de vez em quando, você se permite a satisfação de estar alegre; então perceba quais são as diferenças.

Você notará algumas coisas: quando você está infeliz, é um conformista. A sociedade adora isso, as pessoas o reverenciam, você tem grande respeitabilidade, pode até mesmo se tornar um santo; daí seus santos serem todos infelizes, a aflição está claramente escrita em sua face, em seus olhos. Por eles serem infelizes, são contra toda a alegria, condenam toda a alegria como hedonismo, condenam cada possibilidade de alegria como um pecado. Eles são infelizes e gostariam de ver todo mundo infeliz. Na verdade, apenas em um mundo infeliz eles podem ser considerados santos! Em um mundo feliz eles teriam de ser hospitalizados, de ser tratados mentalmente. Eles são patológicos.

Vi muitos santos e investiguei a vida dos santos do passado. Noventa e nove por cento deles são simplesmente anormais: neuróticos ou mesmo psicóticos. Mas eles são respeitados, e são respeitados por sua infelicidade, lembre-se. Quanto mais infelicidades eles passam, mais são respeitados. Houve santos que espancavam seus corpos com um chicote todos os dias, e pessoas se juntavam para ver essa grande austeridade, esse ascetismo, essa penitência. O maior deles era aquele que tinha feridas por todo o corpo, e essas pessoas eram consideradas santas! Houve santos que destruíram seus olhos, pois é por meio dos olhos que a pessoa fica ciente da beleza, e surge a sexualidade. E eles eram respeitados por terem destruído seus olhos. Foi-lhes dado olhos para ver a beleza da existência, mas eles decidiram ficar cegos. Houve santos que cortaram seus órgãos genitais e foram muito respeitados, imensamente respeitados, pela simples razão de terem sido autodestrutivos, violentos consigo mesmos. Essas pessoas eram psicologicamente doentes.

Investigue a sua infelicidade e descobrirá certos elementos fundamentais. Ela lhe dá respeito, as pessoas se sentem mais amigáveis em relação a você, mais solidárias, você terá mais amigos se for infeliz. Este é um mundo muito estranho, algo está fundamentalmente errado com ele. Isso não deveria ser assim; a pessoa feliz deveria ter mais amigos, mas seja feliz e as pessoas ficam com inveja de você, deixam de ser amigáveis. Elas se sentem trapaceadas, você tem algo que não está disponível a elas. Por que você é feliz? Assim, através dos tempos aprendemos um mecanismo sutil de reprimir a felicidade e de expressar a infelicidade. Isso se tornou nossa segunda natureza.

Você precisa abandonar todo esse mecanismo. Aprenda a ser feliz, aprenda a respeitar as pessoas felizes e a lhes prestar mais atenção. Esse será um grande serviço à humanidade. Não seja muito solidário com as pessoas infelizes. Se alguém for infeliz, ajude, mas não se compadeça, não lhe dê a idéia de que a infelicidade é algo de valor. Deixe que ele saiba perfeitamente bem que você o está ajudando, mas "Faço isso não porque o respeito, mas simplesmente porque você está infeliz." E você não está fazendo nada, exceto tentando trazer a pessoa para fora de sua infelicidade, pois a infelicidade é feia. Deixe que a pessoa sinta que a infelicidade é feia, que ser infeliz não é algo virtuoso, que ela não está fazendo um grande serviço à humanidade.

Seja feliz, respeite a felicidade e ajude as pessoas a entender que a felicidade é o objetivo da vida. Sempre que você perceber uma pessoa bem-aventurada, respeita-a; ela é sagrada. E sempre que você sentir uma reunião feliz e festiva de pessoas, considere aquele lugar sagrado.

Temos de aprender uma linguagem totalmente nova, e somente então esta velha e enferrujada humanidade poderá mudar. Precisamos aprender a linguagem da saúde, da inteireza, da felicidade. Isso será difícil, pois nossos investimentos são grandes.

Essa é uma das questões mais fundamentais que uma pessoa pode formular. Ela também é estranha, pois deveria ser fácil abandonar o sofrimento, a angústia, a infelicidade. Não deveria ser difícil: você não quer ser infeliz, então deve haver alguma profunda complicação por trás disso. A complicação é que desde a sua infância não lhe permitiram ser feliz, ser bem-aventurado, ser alegre.

Você foi forçado a ser sério, e a seriedade implica a tristeza. Você foi forçado a fazer coisas que nunca quis fazer, mas era impotente, fraco, dependente das pessoas; naturalmente você precisou fazer o que elas diziam. Você fez aquelas coisas contra a vontade, de uma maneira infeliz e em profunda resistência. Contra si mesmo, você foi forçado a fazer tantas coisas que, aos poucos, algo ficou claro a você: tudo o que for contra você está certo, e tudo o que não for contra você fatalmente está errado. E toda essa educação constantemente o preencheu com tristeza, o que não é natural.

Ser alegre é natural, assim como ser saudável é natural. Quando você está saudável, não vai ao médico perguntar: "Por que estou saudável?" Não há necessidade de fazer nenhuma pergunta sobre a sua saúde. Mas, quando você está doente, imediatamente pergunta: "Por que estou doente? Qual é a razão, a causa da minha enfermidade?"

Está perfeitamente certo perguntar pelo motivo de você estar infeliz, mas não está certo perguntar por que você está profundamente feliz. Você cresceu em uma sociedade insana, onde ser profundamente feliz sem razão é considerado loucura. Se você estiver simplesmente sorrindo sem nenhuma razão, as pessoas acharão que há um parafuso solto em sua cabeça: "Por que você está sorrindo, por que está parecendo tão feliz?" E, se você disser: "Não sei, estou simplesmente feliz", sua resposta irá apenas reforçar a idéia delas de que algo está errado com você.

Mas, se você estiver infeliz, ninguém lhe perguntará por que você está infeliz. Estar infeliz é natural, todos estão; não é nada de especial de sua parte, você não está fazendo algo singular.

Inconscientemente essa idéia vai se assentando em você, que a infelicidade é natural e que a sensação de plenitude não é natural. A plenitude precisa ser provada; a infelicidade não precisa de prova. Lentamente essa idéia penetra mais fundo em você, em seu sangue, em seus ossos, em sua medula, embora naturalmente ela seja contra você. Assim, você foi forçado a ser esquizofrênico, algo contra a sua natureza foi forçado sobre você. Você foi desviado de si mesmo para algo que você não é.

Isso cria toda a infelicidade da humanidade: todos estão onde não deveriam estar, todos são o que não deveriam ser. E por não poder estar onde precisa estar, onde é seu direito inato de estar, a pessoa fica infeliz. E ao estar nesse estado de se afastar cada vez mais de si mesmo, você se esquece do caminho de volta para casa. Assim, onde você está você considera como sendo o seu lar; a infelicidade se tornou o seu lar, a angústia se tornou a sua natureza. O sofrimento foi aceito como saúde, e não como doença.

E quando alguém diz: "Abandone essa vida miserável, abandone esse sofrimento que você está carregando desnecessariamente", surge uma questão muito significativa: "Isso é tudo o que temos! Se abandonarmos essa vida, se não formos ninguém, perderemos nossa identidade. Pelo menos agora sou alguém, alguém infeliz, alguém triste, alguém em sofrimento. Se eu abandonar tudo isso, ficarei sem saber qual é a minha identidade. Quem sou eu? Não sei o caminho de volta para casa, e você tirou a hipocrisia, o falso lar criado pela sociedade."

Entendendo as raízes da infelicidade

Ninguém quer ficar despido na rua; é melhor ser infeliz, pelo menos você tem algo a usar, embora seja o tormento... mas não tem problema, todos os outros estão usando o mesmo tipo de roupa. Para os que podem custear, sua infelicidade é cara; e aqueles que não podem custeá-la são duplamente infelizes: eles precisam viver em um tipo pobre de infelicidade, sem muito do que se gabar.

Dessa maneira, há os infelizes ricos e os infelizes pobres. E os infelizes pobres estão dando tudo de si para de alguma maneira chegar ao *status* de infelizes ricos. Esses são os únicos tipos disponíveis.

O terceiro tipo foi completamente esquecido. O terceiro é a sua realidade, e ela não tem infelicidade em si.

Você me pergunta por que o ser humano não pode abandonar sua infelicidade. Isso acontece pela simples razão de que ela é tudo o que ele tem. Você quer torná-lo ainda mais pobre? Ele já é pobre. Há o rico infeliz; ele tem uma infelicidade pequena e minúscula da qual não pode se gabar, e você está lhe pedindo para abandonar até mesmo isso. Então ele será um ninguém, será vazio, um nada.

E todas as culturas, todas as sociedades, todas as religiões cometeram um crime contra a humanidade: elas criaram um medo do nada, do vazio.

A verdade é que o nada é a porta da riqueza, é a porta da plenitude, e a porta precisa ser nada. A parede existe, mas não se pode entrar nela; você simplesmente bateria a cabeça e poderia ter algumas costelas fraturadas. Por que você não pode entrar na parede? Porque ela não tem vazio, é sólida; ela objeta. É por isso que chamamos as coisas de "objetos": eles objetam, não permitem que você passe através deles, impedem-no.

Uma porta precisa ser não-objetiva, precisa ser vazia. Uma porta significa que não há nada para impedi-lo, você pode entrar.

E por termos sido condicionados de que o vazio é algo ruim, que o nada é algo ruim, pelo condicionamento fomos impedidos de abandonar a infelicidade, de abandonar a angústia, de abandonar todo o sofrimento e apenas ser um nada.

84 ALEGRIA

No momento em que você for nada, você se tornará a porta, uma porta para o divino, para si mesmo, que leva a seu lar, que o conecta novamente com a sua natureza intrínseca. A natureza intrínseca do ser humano é o estado de plenitude.

O estado de plenitude não é algo a ser alcançado. Ele já está presente, nós nascemos nele e não o perdemos, apenas nos distanciamos, mantendo nossas costas para nós mesmos.

Ele está exatamente atrás de nós; uma pequena virada e uma grande revolução...

E, no que se refere a mim, essa não é uma questão teórica. Eu aceitei o nada como uma porta, à qual chamo de meditação, que nada mais é do que um outro nome para o nada. E, no momento em que o nada acontece, subitamente você fica de cara consigo mesmo e toda a infelicidade desaparece.

A primeira coisa que você faz é simplesmente rir de si mesmo, que idiota você tem sido... Essa infelicidade nunca existiu; você a estava criando com uma mão e estava tentando destruí-la com a outra e, naturalmente, você estava dividido, em uma condição esquizofrênica.

Isso é absolutamente fácil e simples: a coisa mais simples na existência é ser você mesmo. Não há necessidade de esforço; você já o é.

Apenas uma lembrança... apenas se livrar de todas as idéias estúpidas que a sociedade lhe impôs. E isso é tão simples quanto uma cobra escorregar para fora de sua velha pele e nem mesmo olhar para trás. Trata-se apenas de uma pele velha.

Se você entender isso, pode acontecer neste exato momento, pois neste exato momento você pode perceber que não existe nenhuma infelicidade, nenhuma angústia.

Você está em silêncio diante da porta do nada; apenas mais um passo para dentro e você encontra o maior tesouro, o qual está esperando por você há milhares de vidas.

Por que é tão difícil perdoar, deixar de se apegar a mágoas que já passaram?

O ego existe na infelicidade e, quanto maior a infelicidade, mais alimento ele recebe. Nos momentos de plenitude, o ego desaparece totalmente, e vice-versa: se o ego desaparece, o estado de plenitude começa a banhar você. Se você quiser o ego, não poderá perdoar, não poderá esquecer, particularmente as mágoas, as feridas, os insultos, as humilhações, os pesadelos. Não apenas você não poderá perdoar, mas os exagerará, os enfatizará. Você tenderá a se esquecer de tudo o que foi belo em sua vida, não se lembrará dos momentos alegres; no que se refere ao ego, esses momentos não têm nenhum propósito. A alegria é como veneno para o ego, e a infelicidade é como vitaminas.

Você terá de entender todo o mecanismo do ego. Se você tentar perdoar, esse não é o perdão verdadeiro. Com esforço, você apenas reprime. Você pode perdoar somente quando entende a estupidez de todo o jogo que segue em frente dentro de sua mente. O absurdo total de tudo isso precisa ser percebido completamente; se não for assim, você reprimirá de um lado, e ele começará a vir de um outro lado; você reprimirá de uma forma, e ele se afirmará de uma outra forma, às vezes de uma maneira tão sutil que é praticamente impossível reconhecer que se trata da mesma velha estrutura, tão renovada, reformada e decorada que parece praticamente nova.

O ego vive no negativo, pois ele é basicamente um fenômeno negativo; ele existe ao dizer não. O "não" é a alma do ego. E como você pode dizer não para o estado de plenitude? Você pode dizer não para a infelicidade, para a agonia da vida, mas como pode dizer não para as flores, para as estrelas, para os pores-do-sol e para tudo o que é belo e divino? E toda a existência está repleta disso, ela está repleta de rosas, mas você insiste em apanhar os espinhos, pois tem um grande investimento nesses espinhos. Por um lado você diz: "Não, não quero essa infelicidade", e por outro lado insiste em se apegar a ela. E por séculos lhe disseram para perdoar.

86 ALEGRIA

Mas o ego pode viver por meio do perdão, pode começar a ter um novo alimento graças à idéia: "Eu perdoei, perdoei até mesmo meus inimigos. Não sou uma pessoa comum." E lembre-se perfeitamente bem: um dos fundamentos da vida é que a pessoa comum acha que não é comum; a pessoa média acha que não está na média. No momento em que você aceita a sua ordinariedade, você se torna extraordinário; no momento em que você aceita a sua ignorância, o primeiro raio de luz penetra em seu ser, a primeira flor desabrocha e a primavera não está distante.

Jesus diz: "Perdoe seus inimigos, ame seus inimigos." E ele está certo, pois, se você puder perdoar seus inimigos, ficará livre deles; do contrário, eles ficarão a assombrá-lo. A inimizade é um tipo de relacionamento; ela entra mais fundo do que seu pretenso amor.

Ainda hoje uma outra pessoa formulou uma pergunta: "Osho, por que um caso de amor harmonioso parece ser monótono e decadente?" Pela simples razão de ser harmonioso! Para o ego, ele perde toda a atração; parece que ele não existe. Se ele for absolutamente harmonioso, você se esquecerá completamente dele. Algum conflito é necessário, alguma contenda é necessária, alguma violência é necessária, algum ódio é necessário. O amor, seu pretenso amor, não vai muito fundo; ele tem a profundidade da pele, ou talvez nem seja tão profundo. Mas o seu ódio vai muito fundo, tão fundo quanto o seu ego.

Jesus está certo quando diz: "Perdoe", mas ele foi mal interpretado por séculos. Buda diz a mesma coisa, e todas as pessoas despertas fatalmente dirão a mesma coisa. A linguagem pode diferir, eras diferentes, épocas diferentes, pessoas diferentes... Naturalmente elas precisam falar linguagens diferentes, mas o âmago essencial não pode ser diferente. Se você não puder perdoar, isso significa que viverá com os seus inimigos, com as suas mágoas, com as suas dores.

Assim, por um lado você deseja esquecer e perdoar, pois a única maneira de esquecer é perdoando; se você não perdoar, não poderá esquecer. Mas por outro lado há um envolvimento mais profundo, e, a

Entendendo as raízes da infelicidade

87

menos que você perceba esse envolvimento, Jesus ou Buda não serão de ajuda. As belas afirmações deles serão lembradas por você, mas não se tornarão parte de seu estilo de vida, não circularão em seu sangue, em seus ossos, em sua medula, não serão parte de seu ambiente espiritual; essas afirmações permanecerão alienígenas, algo imposto de fora; belas, pelo menos elas têm apelo intelectual, mas existencialmente você continuará a viver da mesma maneira de sempre.

O primeiro ponto a ser lembrado é que o ego é o fenômeno mais negativo da existência, como a escuridão. A escuridão não tem existência positiva; ela é simplesmente a ausência de luz. A luz tem uma existência positiva; é por isso que nada pode ser feito diretamente com a escuridão. Se o seu quarto estiver repleto de escuridão, você não poderá colocá-la para fora do quarto, não poderá jogá-la fora, não poderá destruí-la diretamente por nenhum meio. Se você tentar lutar contra ela, será derrotado. A escuridão não pode ser derrotada pela luta. Você pode ser um grande lutador, mas ficará surpreso ao saber que não pode derrotar a escuridão; é impossível, pela simples razão de que a escuridão não existe. Se você quiser fazer alguma coisa com a escuridão, terá de fazer via luz. Se você não quer a escuridão, traga a luz; e, se você quer a escuridão, apague a luz. Mas faça algo com a luz; nada pode ser feito diretamente com a escuridão. O negativo não existe, e assim é o ego.

É por isso que não sugiro que você perdoe; não digo que você deveria amar e não odiar, não digo para você abandonar todos os seus pecados e se tornar virtuoso. A humanidade tentou tudo isso e fracassou completamente. Meu trabalho é totalmente diferente; digo: Traga a luz para o seu ser, não se preocupe com todos esses fragmentos de escuridão.

E o ego está no próprio centro da escuridão; o ego é o centro da escuridão. Você traz a luz, torna-se mais consciente, mais alerta, e o método é a meditação. Se não for assim, você ficará reprimindo, e tudo o que é reprimido precisa ser reprimido repetidamente, e esse é um exercício inútil, completamente inútil. O que foi reprimido começará a aflorar a partir de um outro lugar; ele encontrará algum outro ponto mais fraco em você.

Você pergunta: "Por que é tão difícil perdoar, deixar de se apegar a mágoas que já passaram?"

Pela simples razão de que elas são tudo o que você tem. E você insiste em jogar com suas velhas feridas, de tal modo que elas permaneçam frescas em sua memória. Você nunca permite que elas se curem.

Um homem estava sentado em um compartimento de um trem, e à sua frente estava sentado um padre com uma cesta de piquenique a seu lado. O homem não tinha mais nada a fazer, então ficava observando o padre.

Depois de um tempo o padre abriu a cesta de piquenique e pegou uma pequena toalha, que colocou cuidadosamente sobre os joelhos. Então ele pegou uma tigela de vidro e a colocou sobre a toalha; depois pegou uma faca e uma maçã, descascou-a, cortou-a e colocou os seus pedaços dentro da tigela. Então ele pegou a tigela, ergueu-a e jogou os pedaços da maçã pela janela. Depois ele pegou uma banana, descascou-a, cortou-a, colocou-a na tigela e jogou-a pela janela. Fez o mesmo com uma pêra, com uma pequena lata com amoras e abacaxi e um vidro de creme, jogando-os todos pela janela depois de prepará-los cuidadosamente. Então ele limpou a tigela, chacoalhou a toalha e colocou-as de volta na cesta de piquenique.

O homem, que assombrado observava o padre, finalmente perguntou: "Desculpe-me, padre, mas o que você estava fazendo?"

Ao que o padre calmamente respondeu: "Uma salada de frutas."

"Mas você jogou tudo pela janela!", exclamou o homem.

"Sim", disse o padre, "detesto salada de frutas!"

As pessoas insistem em carregar coisas que detestam. Elas vivem em seus ódios, ficam cutucando suas feridas para que não sarem, não permitem que elas sarem; toda a vida delas depende de seu passado.

A menos que você comece a viver no presente, não será capaz de esquecer e de perdoar o passado. Não sugiro que você deva esquecer e perdoar tudo o que aconteceu no passado; essa não é a minha abordagem. Digo: Viva o presente! Essa é a maneira positiva de abordar a existência: viver o presente. Essa é uma outra maneira de dizer para ser mais meditativo, mais consciente, mais alerta, pois quando você está alerta, consciente, você está no presente.

A consciência não pode estar no passado e não pode estar no futuro. Ela conhece apenas o presente; ela não conhece nenhum passado e nenhum futuro e tem somente um tempo, o presente. Esteja consciente, e à medida que você começar a desfrutar o presente mais e mais, à medida que sentir o bem-estar de permanecer no presente, deixará de fazer essa coisa estúpida que todos insistem em fazer. Você deixará de entrar no passado e inevitavelmente esquecerá e perdoará; isso simplesmente desaparecerá por conta própria. Você ficará surpreso: para onde isso foi? E uma vez que o passado deixe de existir, o futuro também desaparecerá, pois o futuro é apenas uma projeção do passado. Livrar-se do passado e do futuro é saborear a liberdade pela primeira vez. E nessa experiência a pessoa fica inteira, saudável, todas as feridas são curadas. Subitamente não há mais nenhuma ferida; você começa a sentir um profundo bem-estar surgindo em você. Esse bem-estar é o começo da transformação.

Por que faço tempestade num copo d'água?

Porque o ego não se sente bem e à vontade com um copo d'água; ele quer tempestades. Mesmo se for uma infelicidade, não deveria ser algo pequeno, mas uma enorme tempestade. Mesmo se for uma infelicidade, o ego não quer ser infeliz de uma maneira comum; ele quer ser extraordinariamente infeliz! De uma maneira ou de outra, a pessoa quer ser a primeira. Daí ela fazer tempestade num copo d'água.

As pessoas seguem em frente criando grandes problemas a partir do nada. Conversei com milhares de pessoas sobre seus problemas e ain-

90 ALEGRIA

da não me deparei com um problema real! Todos os problemas são falsos, você os cria, pois sem problemas se sente vazio, sem problemas não há nada a fazer, nada com o que brigar, nenhum lugar para ir. As pessoas vão de um guru a outro, de um mestre a outro, de um psicoterapeuta a outro, de um grupo terapêutico a outro, pois, se não forem, se sentirão vazias e de repente sentirão a vida como se ela não tivesse sentido. Você cria problemas para que possa sentir que a vida é um grande trabalho, um crescimento, e você precisa batalhar arduamente.

Lembre-se: o ego pode existir apenas quando ele batalha, quando ele luta. E, quanto maior o problema, quanto maior o desafio, mais o seu ego se ergue, se eleva.

Você cria problemas; os problemas não existem. E agora, se você me permitir, nem copos d'água existem. Isso também é um truque seu. Você diz: "Tudo bem, não há tempestades, mas há copos d'água." Não, nem mesmo copos d'água existem, eles são criação sua. Primeiro você cria copos d'água a partir do nada, e depois cria tempestades a partir deles.

E os sacerdotes, os psicoterapeutas e os gurus ficam satisfeitos, pois todo o negócio deles existe por sua causa. Se você não criar copos d'água a partir do nada e, depois, se não transformar seus copos d'água em tempestades, qual será o sentido dos gurus o ajudarem? Primeiro você precisa estar na condição de precisar de ajuda.

Por favor, observe o que você está fazendo, que tolice você está fazendo. Primeiro você cria um problema, depois vai em busca de uma solução. Apenas observe por que você está criando o problema. Exatamente no começo, quando você está criando o problema, está a solução; não o crie! Mas isso não terá apelo para você, porque então você de repente é atirado contra si mesmo. Nada a fazer? Nenhuma iluminação, nenhum *satori*, nenhum samádi? E você está profundamente inquieto, vazio, tentando se preencher com qualquer coisa.

Você não tem nenhum problema, e somente isso precisa ser entendido.

Neste exato momento você pode abandonar todos os problemas, pois eles são criações suas.

Assim, dê uma outra olhada para seus problemas. Quanto mais fundo você olhar, menores eles parecerão ser. Continue a olhá-los, e, aos poucos, eles começarão a desaparecer. Continue a fitá-los e, de repente, você descobrirá que existe o vazio; um belo vazio o envolve. Nada a fazer, nada a ser, porque você já é o que tinha de ser.

A iluminação não é algo a ser alcançado; ela é apenas para ser vivida. Quando digo que atingi a iluminação, simplesmente quero dizer que decidi *vivê-la*. Basta! E desde então eu a vivi. Trata-se de uma decisão de que agora você não está interessado em criar problemas, e isso é tudo. Trata-se de uma decisão de que agora você acabou com toda essa tolice de criar problemas e de encontrar soluções.

Toda essa tolice é um jogo que você está jogando contra si mesmo. Você mesmo está se escondendo e procurando, é os dois parceiros do jogo, e você sabe disso! É por esse motivo que quando digo isso você sorri, dá risada. Não estou falando algo ridículo; você entende isso e ri de si mesmo. Observe-se rindo, observe seu próprio riso; você entende o que estou dizendo. Precisa ser assim, pois se trata de seu próprio jogo: você está se escondendo e tentando se encontrar.

Você pode se encontrar neste exato momento, pois é você mesmo que está se escondendo.

É por isso que os mestres do Zen batem nas pessoas. Sempre que alguém vem e diz: "Gostaria de ser um buda", o mestre fica com muita raiva. A pessoa está pedindo uma tolice, ela *é* um buda. Se Buda vier a mim e me perguntar como ser um buda, o que se espera que eu faça? Eu baterei em sua cabeça! "A quem você pensa que está enganando? Você *é* um buda."

Não crie desnecessários problemas para si mesmo. E, se você observar como torna um problema cada vez maior, se observar como o tece e como ajuda a roda a se mover cada vez mais rápido, o entendimento despontará em você. Então, de repente, você fica no auge de sua infelicidade e precisa da solidariedade de todo mundo.

Você é um grande criador de problemas... apenas entenda isso, e, subitamente, os problemas desaparecem. Você está perfeitamente em forma, você nasceu perfeito. Esta é toda a mensagem: você nasceu perfeito, a perfeição é a sua natureza mais profunda. Você precisa apenas vivê-la; decida e viva-a.

Se você ainda não estiver saturado do jogo, pode continuar, mas não pergunte pelo motivo. Você o sabe, o motivo é simples: o ego não pode existir no vazio, ele precisa de algo para lutar. Mesmo um fantasma de sua imaginação servirá, mas você precisa lutar contra alguém. O ego existe apenas no conflito; ele não é uma entidade, mas uma tensão. Sempre que há um conflito, a tensão surge e o ego existe; quando não há conflito, a tensão desaparece e o ego desaparece. O ego não é uma coisa, mas apenas uma tensão.

E, é claro, ninguém deseja pequenas tensões, todos desejam grandes tensões. Se os seus próprios problemas não forem suficientes, você começa a pensar na humanidade, no mundo, no futuro... socialismo, comunismo e todo esse lixo. Você começa a pensar a respeito, como se o mundo inteiro dependesse de seu conselho. Então você pensa: "O que irá acontecer em Israel? O que irá acontecer na África?" E você fica a dar conselhos e cria problemas.

Quando há alguma guerra acontecendo, as pessoas ficam muito excitadas e não conseguem dormir; elas ficam muito excitadas. Sua própria vida é tão banal que elas terão de obter extraordinariedade de alguma outra fonte. A nação está em dificuldade, e então elas ficam identificadas com ela; a cultura está em dificuldade, a sociedade está em dificuldade... agora existem grandes problemas e você fica identificado com eles. Você é hindu, e a cultura hindu está em dificuldade; você é cristão, e a igreja está em dificuldade. O mundo inteiro está em perigo, e você se engrandece com isso.

Entendendo as raízes da infelicidade 93

O ego precisa de alguns problemas. Se você entender esse ponto, no próprio entendimento as tempestades se tornam novamente copos d'água e, depois, os copos d'água também desaparecem. Subitamente há o vazio, puro vazio em toda a volta. Iluminação é isto: um profundo entendimento de que não existem problemas.

Então, sem nenhum problema a ser resolvido, o que você fará? Imediatamente você começa a viver. Você comerá, dormirá, amará, terá um bate-papo, cantará, dançará; o que mais há a fazer? Você se tornou um deus, começou a viver.

Se houver algum Deus, uma coisa é certa: ele não tem nenhum problema. Isso é certo. Então o que ele fica fazendo com todo o seu tempo? Nenhum problema, nenhum psiquiatra a consultar, nenhum guru para ir e se render... o que Deus fica fazendo? O que ele faria? Ele deve estar enlouquecendo, deve estar entrando em parafuso! Não, ele está vivendo; sua vida está totalmente repleta de vida. Ele está comendo, dormindo, dançando, tendo um caso de amor, mas sem nenhum problema.

Comece a viver este momento e perceberá que quanto mais você vive, menos problemas existem. Porque agora que o seu vazio está florescendo e vivendo, não há necessidade... Quando você não vive, a mesma energia fica amarga, a mesma energia que teria se tornado uma flor fica estagnada e, ao não ter permissão para desabrochar, ela se torna um espinho no coração. Trata-se da mesma energia.

Force uma criança a ficar em um canto e lhe diga para ficar completamente imóvel, sem se mexer. Observe o que acontece... há apenas alguns minutos ela estava perfeitamente à vontade, fluindo; agora a sua face está vermelha, pois ela precisa se forçar, se segurar. Todo o seu corpo fica rígido, ela fica inquieta e tem vontade de saltar sobre si mesma. Você forçou a energia a se aquietar, e agora ela não tem nenhum propósito, nenhum sentido, nenhum espaço para se mover, nenhum lugar para desabrochar e florescer; ela está estagnada, congelada, rígida. A criança está sofrendo uma morte, uma morte temporária. Se você não

94 ALEGRIA

permitir que a criança corra novamente, que circule pelo jardim e brinque, ela começará a criar problemas. Ela fantasiará; em sua mente ela criará problemas e começará a lutar contra eles. Ela verá um grande cachorro e ficará com medo, ou verá um fantasma e terá de brigar e fugir dele. Agora ela está criando problemas; a mesma energia que estava fluindo por toda a volta alguns momentos atrás, em todas as direções, está estagnada e ficando amarga.

Se as pessoas puderem dançar um pouco mais, cantarem um pouco mais, serem um pouco mais malucas, suas energias fluiriam mais e seus problemas aos poucos desapareceriam.

Daí eu insistir tanto na dança. Dance até o orgasmo; deixe que toda a energia se torne dança e, subitamente, você perceberá que não tem nenhuma cabeça, e a energia estagnada na cabeça se moverá por toda a parte, criando belos padrões, figuras e movimentos. E, quando você dança, chega um momento em que seu corpo deixa de ser rígido e se torna flexível e fluido; quando você dança, chega um momento em que sua fronteira deixa de ser tão clara, e você se dissolve e se funde com o cosmos e as fronteiras se misturam.

Observe um dançarino; você perceberá que ele se tornou um fenômeno de energia e não está mais preso a uma forma fixa, não está mais emoldurado. Ele está fluindo para fora de sua moldura, de sua forma, e ficando mais vivo, mais e mais vivo. Porém você saberá o que realmente acontece apenas se você próprio dançar. A cabeça interiormente desaparece, e novamente você é uma criança. Então você não cria nenhum problema.

Viva, dance, coma, durma, faça coisas o mais totalmente possível. E repetidamente se lembre: sempre que você se apanhar criando algum problema, saia dele imediatamente. Uma vez que você esteja no problema, então uma solução será necessária. E mesmo se você encontrar uma solução, dessa solução mil e um problemas surgirão novamente. Uma vez perdido o primeiro passo, você caiu na armadilha.

Entendendo as raízes da infelicidade

Sempre que você perceber que está resvalando para um problema, agarre a si mesmo e corra, salte, dance, mas não entre no problema. Faça algo imediatamente, de tal modo que a energia que estava criando o problema se torne fluida, descongelada, se dissolva e volte ao cosmos.

As pessoas primitivas não têm muitos problemas. Entrei em contato com grupos primitivos na Índia que dizem que não sonham. Freud não poderia acreditar nisso. Eles raramente sonham, mas, quando alguém sonha, toda a vila jejua, reza para Deus. Algo saiu errado, algo errado aconteceu... uma pessoa sonhou. Sonhar raramente acontece na tribo porque eles vivem tão totalmente que nada é deixado na cabeça para ser concluído no sono.

Tudo o que você deixa incompleto precisa ser concluído em seus sonhos; tudo o que você não viveu permanece como uma ressaca e se completa na mente; sonho é isso. Durante todo o dia você fica pensando, e pensar simplesmente mostra que você tem mais energia do que usa para viver, tem mais energia do que a sua pretensa vida necessita.

Você está perdendo a vida de verdade. Use mais energia, então energias frescas fluirão. Não seja avarento; use-as hoje, deixe que o hoje seja completo; o amanhã tomará conta de si mesmo, não se preocupe com ele. A preocupação, o problema, a ansiedade, tudo isso simplesmente mostra uma coisa: você não está vivendo corretamente, sua vida ainda não é uma celebração, uma dança, uma festividade. Daí todos os problemas.

Se você vive, o ego desaparece. A vida não conhece nenhum ego; ela conhece apenas o viver, viver e viver... A vida não conhece nenhum eu, nenhum centro; ela não conhece a separação. Você inspira e a vida entra em você; você expira e você entra na vida. Não há separação. Você come, e árvores entram em você através das frutas. Então um dia você morre e é enterrado na terra, as árvores o absorvem e você se torna frutos. Seus filhos o comerão novamente. Você comeu seus ancestrais; as árvores os converteram em frutos. Você acha que é vegetariano? Não seja enganado pelas aparências, pois somos todos canibais.

ALEGRIA

A vida é uma só; ela nunca pára de seguir em frente. Ela entra em você, passa através de você. Na verdade, não está certo dizer que ela entra em você, porque então parece que a vida vem a você e depois sai de você. Você não existe, e existe apenas essa vida vindo e indo. Você não existe, apenas a vida existe em suas inúmeras formas, em sua energia, em seus milhões de deleites. Uma vez entendido isso, deixe que esse entendimento seja sua única lei.

Por que sempre me sinto tão infeliz? Você não pode tirar isso de mim?

A resposta está em sua pergunta. Você não quer assumir a responsabilidade pelo seu próprio ser; outra pessoa deveria fazer isso. E essa é a única causa da infelicidade.

Não há como alguém tirar a sua infelicidade e não há como alguém tornar você plenamente feliz. Mas, se você ficar consciente de que é responsável por ser infeliz ou bem-aventurado, que ninguém pode fazer nada...

Sua infelicidade é obra sua; sua plenitude também será obra sua.

Mas é difícil aceitar isso — "A infelicidade é obra minha?"

Todo mundo acha que os outros são os responsáveis pela sua infelicidade. O marido acha que a esposa é responsável pela infelicidade dele; a esposa acha que o marido é responsável pela infelicidade dela; os filhos acham que os pais são responsáveis pela infelicidade deles; os pais acham que os filhos são responsáveis pela infelicidade deles. Isso ficou muito complexo. E sempre que uma outra pessoa é responsável pela sua infelicidade, você não se dá conta de que, ao não assumir a responsabilidade, está perdendo a sua liberdade. Responsabilidade e liberdade são dois lados da mesma moeda.

E por você achar que os outros são responsáveis pela sua infelicidade, existem charlatães, os chamados salvadores, os mensageiros de Deus, os profetas que ficam lhe dizendo: "Você não precisa fazer nada, apenas me siga. Acredite em mim e eu o salvarei. Sou o seu pastor, você é a minha ovelha."

Estranho que nenhuma pessoa tenha se posicionado contra pessoas como Jesus Cristo, contestando: "É um imenso insulto dizer que você é o pastor e que somos ovelhas, que você é o salvador e que somos dependentes de sua compaixão, que toda a nossa religião consiste apenas em acreditar em você." Mas, por jogarmos a responsabilidade da nossa infelicidade sobre os outros, aceitamos o corolário de que a felicidade também virá dos outros.

Naturalmente, se a infelicidade vem dos outros, então a felicidade também tem de vir. Mas o que *você* está fazendo? Você nem é responsável pela infelicidade nem é responsável pela felicidade; então qual é a sua função, qual é o seu propósito? Apenas ser um alvo para algumas pessoas o tornarem infeliz e para outras o ajudarem, o salvarem e o tornarem feliz? Você é apenas uma marionete, e todas as cordas estão nas mãos dos outros?

Você não tem respeito por sua própria humanidade, você não se respeita, não tem nenhum amor pelo seu próprio ser, pela sua própria liberdade.

Se você tiver respeito pela sua vida, recusará todos os salvadores e dirá a todos eles: "Caiam fora! Salvem a si mesmos, e isso é suficiente. Esta é a minha vida e preciso vivê-la. Se eu fizer algo errado, enfrentarei a infelicidade; sem nenhuma queixa aceitarei as conseqüências de minhas atitudes equivocadas."

Talvez essa seja a maneira de aprender; ao falhar, a pessoa se levanta de novo; ao se extraviar, a pessoa volta de novo. Você comete um engano... mas cada engano o deixa mais inteligente e você não cometerá o mesmo engano novamente. Se você cometer o mesmo engano novamente, isso significa que não está aprendendo, que não está usando a sua inteligência e que está agindo como um robô.

Todo o meu esforço é o de trazer de volta a todo ser humano o auto-respeito que lhe pertence e que ele deu a alguém. E toda a estupidez começa porque você não está disposto a aceitar que é responsável pela sua infelicidade.

Pense: não há uma única infelicidade pela qual você não seja responsável. Pode ser inveja, pode ser raiva, pode ser ganância, mas algo em você deve ser a razão que está criando a infelicidade.

E você já viu alguém no mundo que tornou uma outra pessoa feliz? Isso também depende de você, de seu silêncio, de seu amor, de sua serenidade, de sua confiança. E o milagre acontece, mas ninguém o faz.

No Tibete, há uma bela história sobre Marpa. Ela pode não ser verídica, mas é imensamente significativa. Não me importo muito com os fatos, a minha ênfase está no significado e na verdade, o que é algo totalmente diferente.

Marpa ouviu falar de um mestre. Ele estava buscando um mestre e foi até ele e se entregou, confiou totalmente nele. E ele perguntou ao mestre: "O que devo fazer agora?"

O mestre respondeu: "Uma vez que tenha se entregado a mim, não se espera que você faça coisa alguma. Apenas acredite em mim. Meu nome é um mantra secreto para você. Sempre que você estiver em dificuldade, lembre-se de meu nome e tudo dará certo."

Marpa tocou os pés do mestre e tentou imediatamente, pois era um homem muito simples; ele caminhou sobre as águas do rio. Outros discípulos que estavam com o mestre por anos não puderam acreditar: ele estava caminhando sobre as águas! Eles relataram o fato ao mestre: "Aquele homem, você não o compreendeu. Ele não é uma pessoa qualquer; ele está caminhando sobre as águas!"

O mestre disse: "O quê?"

Eles correram para o rio, e Marpa estava caminhando sobre as águas, cantando canções e dançando. Quando eles chegaram à margem do rio, o mestre perguntou: "Qual é o segredo disso?"

Marpa respondeu: "Qual é o segredo? É o mesmo segredo que você me deu: seu nome. Eu me lembro de você e digo: 'Mestre, permita-me caminhar sobre as águas', e acontece."

Entendendo as raízes da infelicidade

O mestre não pôde acreditar que seu nome pudesse fazer aquilo, pois ele próprio não conseguia caminhar sobre as águas. Mas quem sabe? Ele nunca havia tentado, mas pensou que seria melhor checar mais algumas coisas antes de tentar; então ele disse a Marpa: "Você pode saltar daquele penhasco?"

Marpa respondeu: "Tudo o que o senhor disser." Ele subiu a montanha e saltou do penhasco, e todos eles estavam no vale, esperando e achando que apenas pedaços de Marpa sobrariam! Mesmo se pudessem encontrar pedaços, isso já seria um milagre, pois o penhasco era muito alto.

Mas Marpa desceu sorrindo, sentado na postura de lótus. Ele aterrissou sob uma árvore no vale e se sentou lá. Todos eles o cercaram e olharam para ele... nem mesmo um arranhão.

O mestre disse: "Isso é demais! Você usou o meu nome?"

Ele respondeu: "Foi o seu nome!"

O mestre exclamou: "Isso é suficiente; agora eu vou tentar", e ao dar o primeiro passo na água ele afundou.

Marpa não pôde acreditar quando o mestre afundou. Os discípulos saltaram na água e deram um jeito de tirá-lo, pois ele estava quase morto. Água foi tirada de seus pulmões... e ele acabou sobrevivendo.

Marpa perguntou: "O que está acontecendo?"

E o mestre respondeu: "Perdoe-me, não sou mestre, sou apenas um impostor."

Mas Marpa indagou: "Se você é um impostor, então como o seu nome funciona?"

O impostor respondeu: "Não foi o meu nome que funcionou, mas a sua confiança. Não importa em quem você confia; é a confiança, o amor, a totalidade do ato... Eu não confio em mim mesmo, não confio em ninguém, pois engano todo mundo. Como posso confiar? E estou sempre com medo de ser trapaceado pelos outros, porque estou trapaceando. A confiança é impossível para mim, mas você é uma pessoa inocente e confiou em mim. É por causa de sua confiança que os milagres aconteceram."

Não importa se a história é ou não verdadeira. Uma coisa é certa: sua infelicidade é causada pelos seus enganos, e sua felicidade é causada pela sua confiança, pelo seu amor.

Sua escravidão é a sua criação, e sua liberdade é a sua declaração.

Você me pergunta: "Por que sou infeliz?" Você é infeliz porque não aceitou a responsabilidade por isso. Simplesmente perceba que infelicidade é essa, descubra a causa e a encontrará dentro de si mesmo. Elimine a causa e a infelicidade desaparecerá.

Mas as pessoas não querem eliminar a causa; elas querem eliminar a infelicidade. Isso é impossível, é absolutamente não-científico.

E então você me pede para salvá-lo, para ajudá-lo. Não há necessidade de você se tornar um mendigo, você não deve se tornar um mendigo, você não é uma ovelha, mas um imperador.

Aceite a sua responsabilidade pela infelicidade e descobrirá que ocultas dentro de você estão todas as causas da plenitude, da liberdade, da alegria, da iluminação, da imortalidade. Nenhum salvador é necessário, e jamais houve nenhum salvador; todos os salvadores são falsos. Eles foram venerados porque você sempre quis alguém para salvá-lo; eles sempre apareceram porque sempre foram requisitados, e sempre que há demanda, há oferta.

Quando você depende dos outros, perde a sua alma; você se esquece de que tem uma consciência tão universal quanto a de todo mundo, que você tem uma consciência tão vasta quanto a de qualquer Gautama Buda; você apenas não está ciente dela, não a procurou. E você não a encontrou porque está olhando para os outros, alguém para salvá-lo, alguém para ajudá-lo. Você fica mendigando sem reconhecer que todo o reino é seu.

Isso precisa ser entendido como um dos princípios mais básicos de auto-respeito, de liberdade e de responsabilidade.

Por que as pessoas fingem ser o que não são? Qual é a psicologia por trás disso?

Porque todos são condenados desde a infância. Tudo o que eles fazem por conta própria, com base no que gostam ou não gostam, não é aceitável. As pessoas, o grupo no qual a criança precisa crescer, têm suas próprias idéias e ideais. A criança precisa se ajustar a essas idéias e a esses ideais; ela é impotente.

Você já pensou sobre isso? A criança humana é o filhote mais impotente de todo o reino animal. Todos os outros animais podem sobreviver sem o apoio dos pais e do grupo, mas a criança humana não pode sobreviver, ela morrerá imediatamente. Ela é a criatura mais impotente do mundo, é imensamente vulnerável e delicada. Naturalmente aqueles que têm o poder são capazes de moldar a criança da maneira que quiserem.

Assim, indo contra si mesmo, cada um se tornou o que é. Essa é a psicologia por trás do fato de que todos fingem ser o que não são.

Todos estão em um estado esquizofrênico. Eles nunca tiveram permissão de serem eles mesmos e foram forçados a serem pessoas que sua natureza não aprecia.

Dessa maneira, quando uma pessoa cresce e fica sobre as próprias pernas, começa a fingir muitas coisas que na realidade gostaria que fossem parte de seu ser. Mas, neste mundo insano, todos foram distraídos; cada um foi transformado em uma outra pessoa; ela não é aquilo, e sabe disso. Todos sabem que foram forçados... a ser um médico, a ser um engenheiro, a ser um político, a ser um criminoso, a ser um mendigo. Há todos os tipos de forças à volta.

Em Bombaim, na Índia, há pessoas cujo negócio é roubar crianças e mutilá-las, cegá-las, aleijá-las e forçá-las a mendigar e a trazer, à noite, todo o dinheiro que conseguiram. Sim, elas recebem comida, recebem abrigo, mas são usadas como mercadorias e não são consideradas seres humanos. Esse é o extremo, mas o mesmo aconteceu com todos em uma proporção maior ou menor. Ninguém está à vontade consigo mesmo.

Neste mundo, há apenas uma felicidade, e essa é ser você mesmo. E, porque ninguém é quem é de verdade, todos estão tentando de algum modo se esconder com máscaras, fingimentos, hipocrisias... Eles estão envergonhados do que são.

Fizemos do mundo um mercado e não um belo jardim onde todos têm permissão de trazer suas próprias flores. Estamos forçando margaridas a produzir rosas; ora, de onde margaridas podem trazer rosas? Essas rosas serão de plástico, e no íntimo de seu coração a margarida estará chorando e, com lágrimas, sentindo-se envergonhada: "Não fui suficientemente corajosa para me rebelar contra a multidão. Eles forçaram flores de plástico sobre mim, e tenho minhas próprias flores reais para as quais minha seiva está fluindo, mas não posso mostrar minhas flores reais."

Tudo lhe foi ensinado, mas não lhe ensinaram a ser você mesmo. Essa é a forma de sociedade mais feia possível, pois ela torna a todos infelizes.

Ser o que você não quer ser, estar com alguém que você não quer estar, fazer algo que você não quer fazer, essas são as bases de toda a sua infelicidade.

Por um lado a sociedade deu um jeito de tornar a todos infelizes, e por outro lado a mesma sociedade espera que você não mostre a sua infelicidade, pelo menos não em público, não abertamente; ela é um assunto particular, que só diz respeito a você.

A sociedade criou a sua infelicidade; assim, ela realmente é um assunto público, e não particular. A mesma multidão que criou todas as razões para a sua infelicidade acaba lhe dizendo: "Sua infelicidade é sua, mas, quando você estiver com as pessoas, sorria. Não mostre sua cara infeliz aos outros." A isso as pessoas chamam de etiqueta, boas maneiras e cultura. Basicamente, trata-se de hipocrisia.

A menos que uma pessoa decida que: "Custe o que custar, quero apenas ser eu mesma. Condenada, não aceito, perdendo respeitabilida-

Entendendo as raízes da infelicidade 103

de... tudo bem, mas não posso mais fingir ser uma outra pessoa." Essa decisão e essa declaração de liberdade do peso do grupo dão nascimento a seu ser natural, à sua individualidade.

Então você não precisa de nenhuma máscara e pode ser simplesmente você mesmo, apenas como você é.

Como posso ser eu mesmo?

Essa deveria ser a coisa mais fácil do mundo, mas não é. Para a pessoa ser ela mesma, ela não precisa fazer nada, pois já é ela mesma. Como você pode ser diferente? Como você pode ser uma outra pessoa? Mas posso entender o problema. O problema surge porque a sociedade corrompe a todos, ela corrompe a mente, o ser, força coisas sobre você, e você perde contato consigo mesmo. Ela tenta fazer uma outra coisa a partir de você, em vez do que você estava destinado a ser. Ela o tira de seu centro, arrasta-o para fora de si mesmo, ensina-o a ser como um Cristo, como um Buda, como isso ou como aquilo e nunca lhe diz para ser você mesmo, nunca lhe permite liberdade para ser; ela força imagens externas em sua mente.

Então surge o problema. No máximo você pode fingir e, quando você finge, nunca fica satisfeito. Você sempre quer ser você mesmo, isso é natural, mas a sociedade não deixa. Ela quer que você seja uma outra pessoa, que você seja falso; ela não quer que você seja verdadeiro, pois pessoas verdadeiras são perigosas, são rebeldes. Pessoas verdadeiras não podem ser controladas tão facilmente, não podem ser arregimentadas; pessoas verdadeiras viverão sua realidade de sua própria maneira e farão as suas coisas sem se preocuparem com as outras pessoas. Elas não podem ser sacrificadas em nome da religião, em nome do Estado, da nação, da raça; é impossível convencê-las a fazer qualquer sacrifício. Pessoas verdadeiras estão sempre a favor de sua própria felicidade. A felicidade delas é o mais importante; elas não estão dispostas a sacrificá-la por nada, e esse é o problema.

Assim, a sociedade distrai toda criança: ela a ensina a ser uma outra pessoa. E, aos poucos, a criança aprende os caminhos do fingimento, da hipocrisia. E, um dia, a ironia é esta, a mesma sociedade começa a lhe falar desta maneira, começa a lhe dizer: "O que lhe aconteceu? Por que você não é feliz? Por que você parece tão aflito? Por que você está triste?" E então vêm os sacerdotes... Primeiro eles o corrompem, o desviam do caminho da felicidade, porque há apenas uma felicidade possível, e essa é ser você mesmo; depois eles lhe dizem: "Por que você está infeliz? Por que você está atormentado?" E então eles lhe ensinam caminhos para ser feliz. Primeiro eles o tornam enfermo e, depois, vendem remédios. Trata-se de uma grande conspiração.

Eu ouvi:

Uma velha senhora judia se senta em um avião ao lado de um norueguês. Ela fica olhando para ele e finalmente diz: "Perdoe-me, você é judeu?"

Ele responde: "Não."

Após alguns momentos ela olha novamente para ele e pergunta: "Pode me dizer. Você é judeu, não é?"

Ele replica: "Definitivamente não."

Ela continua a estudá-lo e diz de novo: "Posso dizer que você é judeu."

Para que ela o deixe em paz, o cavalheiro responde: "Tudo bem, sou judeu."

Ela olha para ele, balança a cabeça e diz: "Sabe que não parece!"

É assim que as coisas acontecem. Você pergunta: "Como posso ser eu mesmo?" Simplesmente pare com os fingimentos, abandone essa ânsia de ser uma outra pessoa, abandone esse desejo de parecer Cristo, Buda ou o seu vizinho, abandone a competição e a comparação e você será você mesmo. A comparação é o veneno. Você está sempre pensando em termos de como o outro está fazendo. Ele tem uma casa grande e

Entendendo as raízes da infelicidade

um carrão, e você é infeliz; ele tem uma bela mulher, e você é infeliz; ele está subindo a escada do poder e da política, e você é infeliz.

Compare e você imitará. Se você se comparar com os ricos, começará a correr na mesma direção; se você se comparar com pessoas instruídas, começará a acumular conhecimento; se você se comparar com os pretensos santos, começará a acumular virtudes e será um imitador. E ser imitador é perder toda a oportunidade de ser você mesmo.

Esqueça a comparação; você é único, ninguém é como você, ninguém jamais foi ou será como você. Você é simplesmente único; e, quando digo que você é único, não estou dizendo que você é melhor do que os outros, lembre-se. Estou simplesmente dizendo que eles também são únicos. Ser único é uma qualidade comum a todo ser; ser único não é uma comparação, ser único é tão natural quanto respirar. Todos estão respirando e todos são únicos. Enquanto você estiver vivo, você é único. Somente cadáveres são iguais; pessoas vivas são únicas e nunca parecidas, não podem ser. A vida nunca segue nenhum curso repetitivo, a existência nunca repete; ela fica a cantar novas canções a cada dia, a pintar algo novo a cada dia.

Respeite sua singularidade e esqueça a comparação. A comparação é a grande vilã. Quando você compara, cai na armadilha. Não se compare com ninguém; a outra pessoa não é você, você não é a outra pessoa. Deixe os outros serem eles mesmos e relaxe em seu ser. Comece a apreciar tudo o que você é, delicie-se nos momentos que estão disponíveis a você.

A comparação traz o futuro, traz a ambição, a violência. Você começa a lutar, a batalhar, a tornar-se hostil.

A vida não é algo como uma mercadoria, a felicidade não é uma mercadoria que, se os outros tiverem, você não poderá ter: "Se os outros têm felicidade, como posso tê-la?" A felicidade absolutamente não é uma mercadoria. Você pode tê-la tanto quanto quiser; simplesmente depende de você. Ninguém é competitivo com relação a ela, ninguém é seu concorrente. Assim como o jardim é belo... você pode olhá-lo e

106 ALEGRIA

apreciá-lo, e uma outra pessoa pode olhá-lo e apreciá-lo. Porque uma outra pessoa está apreciando o jardim e dizendo que ele é belo, isso não quer dizer que você não pode; o outro não o está explorando. O jardim não é menos do que é porque uma outra pessoa o apreciou, porque uma outra pessoa está encantada com a beleza dele; o jardim não é menos do que é. Na verdade, o jardim fica mais belo porque alguém o apreciou; essa pessoa acrescentou uma nova dimensão ao jardim.

As pessoas felizes estão acrescentando alguma qualidade à existência; simplesmente por estarem felizes, criam vibrações de felicidade. Se cada vez mais pessoas forem felizes, você poderá apreciar este mundo cada vez mais. Não pense em termos de competição. Não é que, se elas forem felizes, você não poderá ser feliz. Você terá de saltar sobre elas e arrebatar-lhes a felicidade, precisaria competir. Lembre-se: se as pessoas forem infelizes, será muito difícil para você ser feliz. A felicidade está disponível a todos; para quem abre o coração, a felicidade está sempre disponível.

Não é uma questão de alguém ter atingido algo; não é como um cargo político... uma pessoa se tornou o presidente de um país, e é verdade que nem todos podem ser presidentes. Mas, se uma pessoa se iluminou, isso não impede ninguém de se iluminar; na verdade, isso ajuda. Por Buda ter se iluminado, ficou mais fácil para você se iluminar; por Cristo ter se iluminado, ficou mais fácil para você... Alguém trilhou o caminho, as pegadas estão aí; essa pessoa deixou indícios sutis para você. Você pode seguir mais facilmente, com mais confiança, com menos hesitação. Toda a terra pode se tornar iluminada, cada ser pode se tornar iluminado, mas nem todos podem se tornar presidente.

Um determinado país pode ter centenas de milhões de pessoas, e somente uma pode se tornar presidente; é claro, trata-se de algo competitivo. Mas centenas de milhões de pessoas podem se tornar iluminadas, isso não é problema.

Tudo o que é transcendente não é competitivo, e seu ser é transcendente. Assim, tire essa idéia da cabeça... A sociedade confundiu a sua cabeça; ela lhe ensinou a maneira competitiva da vida. A meditação é

Entendendo as raízes da infelicidade   *107*

uma maneira de vida não-competitiva. A sociedade é ambiciosa; a energia meditativa, a consciência, não é ambiciosa. E quando você não é ambicioso, somente então pode ser você mesmo. Isso é simples.

Às vezes me sinto não como Sartre diz, que "O inferno são as outras pessoas", mas que "Eu sou o inferno". Estou no inferno. Inferno! Tenho de aceitar o inferno antes de poder encontrar o estado de plenitude? Não entendo como.

Não, você não está no inferno, você *é* o inferno, o próprio ego é o inferno. Uma vez que o ego não esteja mais presente, não há inferno. O ego cria estruturas à sua volta que o tornam infeliz, ele funciona como uma ferida, e então tudo começa a machucá-lo. O "eu" é o inferno.

O eu é o inferno, o não-eu é o paraíso. Não ser é estar no paraíso, ser é sempre estar no inferno. "Tenho de aceitar o inferno antes de poder encontrar o estado de plenitude?" Você precisa *entender* o inferno, pois, se não o entender, jamais será capaz de sair dele. E, para entender, a aceitação é uma necessidade. Você não pode entender algo se continuar a negá-lo. É isso o que fazemos: ficamos rejeitando partes do nosso ser. Nós insistimos: "Isso não sou eu." Jean-Paul Sartre diz que o outro é o inferno; quando você nega algo em si mesmo, você projeta no outro.

Observe o mecanismo da projeção. Tudo o que você nega em si mesmo você projeta nos outros, pois precisa colocá-lo em algum lugar. Isso existe, você sabe.

Outra noite uma mulher me disse que estava com muito medo de ser assassinada pelo marido. Ela tem um marido muito simples e belo, um homem muito simples. Raramente se pode encontrar uma pessoa tão simples, e a idéia de que ele irá matá-la é praticamente absurda. Quando ela estava dizendo isso, o marido começou a chorar. A própria idéia era tão absurda que lágrimas começaram a escorrer de seus olhos. É muito raro ver um homem chorar, pois os homens foram treinados a não chorar. Ele se sensibilizou; o que fazer? E a mulher acha que a qualquer momento o marido irá sufocá-la. No escuro, ela sente as mãos dele em seu pescoço. Ora, o que está acontecendo?

Depois ela falou sobre outras coisas. Ela não tem filhos e queria desesperadamente um. Ela disse que ao olhar para os filhos dos outros sentia vontade de matá-los. Agora as coisas ficaram claras, agora nada é complicado. Ela disse que gostaria de matar os filhos dos outros porque não tinha filhos e não gostaria que nenhuma outra mulher fosse mãe. Esse assassino está nela, e ela não quer aceitar esse fato e precisa projetá-lo sobre alguém. Ela não pode aceitar que tem um instinto assassino, e ele precisa ser projetado. É muito difícil alguém aceitar que é um assassino ou que tem idéias de matar crianças.

Ora, o marido é a pessoa mais próxima, a mais disponível para receber a projeção, é praticamente como uma tela; ela pode projetar. E o pobre homem está chorando, e a mulher acha que ele irá matá-la. No inconsciente profundo ela pode até mesmo ter idéias de assassinar o marido, pois deve ter uma certa lógica interna: ela não está engravidando por causa desse homem. Se ela estivesse com um outro homem, teria se tornado mãe. Ela não aceita isso na superfície mas no fundo, deve estar sentindo que, pelo fato de esse homem ser o seu marido, ela não pode ser mãe. Em algum lugar no inconsciente há uma sombra secreta de que, se esse homem morrer, ela será capaz de encontrar um outro homem, ou algo assim. E então a idéia de que ela gostaria de matar os filhos dos outros... Ela está projetando isso. E quando você projeta suas idéias sobre os outros, você fica com medo deles. Agora esse homem parece um assassino para ela.

Todos nós fazemos isso. Se você negar alguma parte de seu ser, se não a admitir, onde a colocará? Terá de colocá-la em uma outra pessoa.

As guerras, os conflitos e a violência continuarão, a menos que o ser humano venha a entender que não deve negar nada em si mesmo, mas aceitar. Reabsorva isso em sua unidade orgânica, porque a parte negada criará muitos problemas para você. Tudo o que você negar, terá de colocar em algum outro lugar, terá de projetá-lo nos outros. A parte ne-

Entendendo as raízes da infelicidade

gada se torna uma projeção, e os olhos que projetam vivem em ilusão, deixam de ser realistas.

Jean-Paul Sartre diz: "O inferno são os outros." Isso é algo a ser entendido. Você sempre pensa nesses termos, e ele está simplesmente expressando um mal-entendido muito comum, uma ilusão muito comum. Se você é infeliz, acha que uma outra pessoa o está deixando infeliz; se você está com raiva, acha que uma outra pessoa está fazendo você ficar com raiva — mas sempre uma outra pessoa.

Se você está com raiva, *você* está com raiva; se você está infeliz, *você* está infeliz. Ninguém está deixando você assim; ninguém pode deixá-lo raivoso, a menos que você decida ficar com raiva. Então qualquer um pode ser de ajuda, qualquer um pode ser usado como uma tela e você pode projetar. Ninguém pode deixá-lo infeliz, a menos que você decida ser infeliz. Então o mundo inteiro o ajuda a ser infeliz.

O eu é o inferno, e não o outro. A própria idéia de que "Estou separado do mundo" é o inferno. A separação é o inferno. Abandone o ego e de repente perceba: toda a infelicidade desaparece, todos os conflitos desapareçam.

Você pergunta: "Tenho de aceitar o inferno antes de poder encontrar o estado de plenitude?" Certamente, absolutamente. Você terá de aceitar e entender. Nessa aceitação e compreensão, o inferno será reabsorvido na unidade. Seu conflito se dissolverá, sua tensão se dissolverá, você se tornará uma só peça, será mais integrado. E quando você está integrado, absolutamente não há a idéia do ego.

O ego é uma doença. Quando você está separado, quando vive de uma maneira dividida, movendo-se em muitas dimensões e direções simultaneamente antagônicas, quando vive em contradição, então surge o ego.

Você já sentiu a sua cabeça sem uma dor de cabeça? Quando há a dor de cabeça, você sente a cabeça. Se todas as dores de cabeça desaparecerem, a cabeça desaparecerá, e você nunca sentirá que ela está ali. Quando está doente, você sente o corpo; quando está saudável, não o sente. Saúde perfeita é ausência de corpo; você absolutamente não sente o corpo e pode se esquecer dele; não há nada o empurrando para se lembrar dele. Uma pessoa perfeitamente saudável é aquela que está desatenta ao corpo; ela não se lembra de que tem um corpo. Uma criança é perfeitamente saudável; ela não tem corpo. O velho tem um grande corpo; quanto mais velha a pessoa fica, mais enfermidades, doenças e conflitos se instalam. Então o corpo não está funcionando como deveria funcionar, não está em harmonia, não está ajustado, e a pessoa o sente mais.

Se você entender esse simples fenômeno, que uma dor de cabeça o deixa consciente da cabeça, que uma doença o deixa consciente do corpo, então deve ser algo como uma doença em sua alma que o deixa consciente do eu. Do contrário, uma alma perfeitamente saudável não terá nenhum eu. É isto que Gautama Buda diz: não existe eu. Apenas o não-eu existe, e esse é o estado paradisíaco. Você está tão saudável e harmonioso que não há necessidade de se lembrar do eu.

Mas normalmente ficamos cultivando o ego. Por um lado tentamos não ser infelizes, e por outro lado continuamos a cultivar o ego. Todas as nossas abordagens são contraditórias.

Eu ouvi:

Uma arrogante dama da sociedade morreu e chegou aos portões do paraíso. "Bem-vinda, entre", disse São Pedro com reverência.

"Não entrarei", ela disse com desprezo. "Se você deixa qualquer um entrar sem ter uma reserva, essa não é a minha idéia de paraíso."

Se mesmo que por acaso o egocêntrico chegar aos portões do paraíso, ele não entrará. Essa não é a idéia dele de paraíso... sem reserva, e todos são bem-vindos? Qual é o sentido? Apenas muito poucos escolhidos, pessoas raras deveriam ter permissão de entrar, e então o ego pode entrar no paraíso. Na verdade, o ego não pode entrar no paraíso, mas apenas no inferno. É melhor dizer que o ego carrega seu próprio inferno para onde ele vai.

Aconteceu:

Mulla Nasruddin caiu em uma fossa sanitária na periferia da cidade e não conseguia sair. Então ele começou a gritar: "Fogo! Fogo!", e em algumas horas os bombeiros chegaram.

"Não há fogo aqui!", exclamou o chefe dos bombeiros. "Por que você está gritando 'fogo'?"

"O que você queria que eu gritasse?", retrucou Mulla. "Merda?"

O ego é tal que até mesmo se estiver no inferno não o admitirá. O ego enfeita a si mesmo.

Você pergunta: "Tenho de aceitar o inferno antes de poder encontrar o estado de plenitude?" Não há outra maneira, e você não apenas terá de aceitar, mas terá de entender e penetrar nele, terá de sofrer a agonia e a dor dele, de tal modo que fique perfeitamente ciente do que ele é. Você será capaz de saber como o criou somente quando souber o que ele é. E somente quando souber como o criou, caberá a você decidir se deseja criar mais inferno ou não. Então a escolha é sua. Você diz: "Não entendo como." Sim, é difícil aceitar o inferno; todo o nosso esforço é o de negá-lo. É por isso que você pode estar chorando por dentro, mas fica sorrindo por fora; você pode estar triste, mas finge que está feliz. É duro aceitar que você está infeliz, mas, se insistir em negar, aos poucos sua situação emocional ficará desconectada de sua consciência.

É isso que acontece quando você diz que algo se tornou inconsciente: significa que ele ficou desconectado da consciência. Você o negou por tanto tempo que ele recuou para a parte sombria de sua vida, ele entrou no porão. Você nunca se depara com ele, mas ele continua trabalhando a partir dali e afeta e envenena o seu ser.

Se você está infeliz, pode sorrir, mas esse sorriso é "amarelo", apenas um exercício dos lábios e nada tem a ver com o seu ser. Você pode sorrir, pode persuadir uma pessoa a se apaixonar pelo seu sorriso, mas lembre-se: ela está fazendo a mesma coisa. Ela também está sorrindo e está infeliz, ela também está fingindo. Assim, dois falsos sorrisos criam uma situação que chamamos de amor. Mas por quanto tempo você pode ficar sorrindo? Você terá de relaxar, depois de algumas horas terá de relaxar.

Se você tiver olhos penetrantes, poderá perceber; se você ficar com uma pessoa por três horas, poderá perceber sua realidade, pois é muito difícil fingir por três horas. Como ficar sorrindo por três horas se não há sorriso vindo de dentro de você? Você repetidamente se esquecerá, e sua face infeliz se mostrará.

Você pode enganar por alguns momentos, e é assim que enganamos uns aos outros. E juramos que somos pessoas muito felizes, mas não somos, e o mesmo é feito pelo outro. Então, cada caso de amor e cada amizade se tornam uma infelicidade.

Ao esconder sua infelicidade, você não se livrará dela e criará mais infelicidade. A primeira coisa é encará-la; nunca se mova, a menos que tenha encarado sua realidade, e nunca finja ser uma outra pessoa. Essa não é a maneira da felicidade acontecer.

Simplesmente seja você mesmo. Se você estiver infeliz, então esteja infeliz. Nada de errado irá acontecer; você evitará muitos problemas. É claro que ninguém se apaixonará por você; tudo bem, pois assim você evitará muitos problemas. Você ficará sozinho, mas nada há de errado em ficar sozinho. Encare a infelicidade, entre fundo nela, tire-a e desenraize-a do inconsciente e traga-a ao consciente. Esse é um trabalho árduo, mas a recompensa é imensa. Uma vez que a tenha visto, poderá simplesmente jogá-la fora. Ela existe quando não é percebida, ela existe apenas no inconsciente, na escuridão. Uma vez que a traga para a luz, ela começa a murchar.

Traga toda a sua mente para a luz e você perceberá: tudo o que é tormento começa a morrer, e tudo o que é belo e extasiante começa a germinar. Na luz da consciência, o que permanece é bom, e aquilo que morre é ruim. Essa é minha definição de pecado e virtude: pecado é aquilo que não pode crescer com a consciência, ele precisa da inconsciência para crescer, a inconsciência é uma necessidade para ele; e virtude é aquilo que pode se desenvolver com a consciência absoluta; não há dificuldade.

Quando, na vida, eu tenho um acesso de infelicidade ao final de um relacionamento, sempre chega um ponto em que rio de mim mesmo, sinto a liberdade voltar e percebo que tudo o que fiz foi parar de me amar. Isso está na raiz do sofrimento da maioria das pessoas ou é apenas um devaneio meu?

Não é apenas um devaneio; isso está na raiz do sofrimento da maioria das pessoas, mas não com o significado que você está dando. Não é porque você deixou de se amar que ficou infeliz, mas porque criou um eu que absolutamente não existe. Dessa maneira, às vezes, o eu irreal sofre de infelicidade ao amar os outros, pois o amor não é possível quando está baseado na irrealidade. E não se trata apenas de um lado: duas irrealidades tentando amar uma à outra... mais cedo ou mais tarde esse arranjo irá fracassar. Quando esse arranjo fracassa, você se volta para si mesmo, pois não há outro lugar para ir. Então você pensa: "Esqueci de amar a mim mesmo."

De uma certa maneira, trata-se de um pequeno alívio, pois pelo menos em vez de duas irrealidades agora você tem apenas uma. Mas o que você conseguirá amando a si mesmo? E por quanto tempo você pode conseguir amar a si mesmo? Isso é irreal e não deixará que você mantenha essa atitude por muito tempo, pois é perigoso: se você investigar a situação por muito tempo, esse pretenso eu desaparecerá, o que será uma liberdade *real* da infelicidade. O amor permanecerá, mas não endereçado a alguém nem a si mesmo. O amor não será endereçado porque não há ninguém para endereçar, e, quando o amor está presente, sem ser endereçado, há uma grande felicidade.

Mas esse eu irreal não lhe permitirá ficar muito tempo nisso. Logo você se apaixonará novamente por uma outra pessoa, pois o eu irreal precisa do apoio de outras irrealidades. Assim, as pessoas se apaixonam

114 ALEGRIA

e se desapaixonam, se apaixonam e se desapaixonam... E é um estranho fenômeno que elas façam isso dezenas de vezes e, ainda assim, não perceberem o ponto. Elas estão infelizes quando estão apaixonadas por alguém e estão infelizes quando estão sozinhas e não apaixonadas, embora um pouco aliviadas, por um tempo.

Na Índia, quando uma pessoa morre, as pessoas colocam o corpo sobre uma padiola e a carregam sobre os ombros para a pira funerária. Mas elas ficam mudando de posição durante o caminho: do ombro esquerdo, colocam o peso da padiola sobre o direito e, depois de alguns minutos, novamente mudam e voltam para o esquerdo. Quando elas mudam o peso de um ombro para o outro, têm uma sensação de alívio. Nada mudou, o peso continua e está sobre a pessoa, mas um ombro sente um certo alívio. Isso é momentâneo, pois logo o ombro começará a doer e a pessoa terá de mudar de ombro novamente.

E a vida é isto: você segue adiante mudando a pessoa, achando que talvez esse homem ou essa mulher o levará ao paraíso que você sempre ansiou. Mas todos trazem o inferno, sem exceção! Ninguém deve ser condenado por isso, pois o outro está fazendo exatamente a mesma coisa que você está fazendo: carregando um eu irreal a partir do qual nada pode crescer, nada pode desabrochar. Ele é vazio; enfeitado, mas vazio e oco por dentro.

Dessa maneira, quando você vê alguém a distância, ele ou ela é atraente. Quando você se aproxima, a atração diminui; quando vocês se encontram, não é um encontro, mas uma colisão. E, subitamente, você percebe a outra pessoa como alguém vazio e sente que foi enganado, trapaceado, pois a outra pessoa nada tinha do que foi prometido. A mesma é a situação da outra pessoa no que se refere a você. Todas as promessas não são cumpridas e vocês se tornam um fardo um para o outro, um tormento um para o outro, uma tristeza um para o outro, destrutivos um para o outro. Vocês se separam, e por um tempo há alívio, mas sua irrealidade interior não pode deixá-lo nesse estado por muito tempo; logo você estará procurando uma outra pessoa e cairá na mesma armadilha. Apenas as faces são diferentes; a realidade interior é a mesma: o vazio.

Entendendo as raízes da infelicidade   *115*

Se você realmente quiser se livrar da infelicidade e do sofrimento, terá de entender: você não tem um eu. Então não será apenas um pequeno alívio, mas um imenso alívio. E, se você não tiver um eu, desaparecerá a necessidade do outro. Ser nutrido pelo outro era a necessidade do eu irreal. Você não precisa do outro.

E escute atentamente: **quando você não precisa do outro, você pode amar, e esse amor não trará infelicidade. Ao ir além das necessidades, das demandas e dos desejos, o amor se torna um compartilhar muito suave, uma grande compreensão.** Quando você entende a si mesmo, nesse mesmo dia entendeu a humanidade inteira. Então ninguém poderá deixá-lo infeliz, pois você sabe que essa pessoa está sofrendo de um eu irreal e que está jogando sua infelicidade em qualquer um que se aproxime.

Seu amor será capaz de ajudar a pessoa que você ama a se livrar do eu.

Conheço apenas uma dádiva; o amor pode presenteá-lo apenas com uma coisa: a percepção de que você não existe, de que o seu "eu" é apenas imaginário. Essa percepção entre duas pessoas subitamente as torna uma só, pois dois nadas não podem ser dois. Dois algos serão dois, mas dois nadas não podem ser dois. Dois nadas começam a se dissolver e a se fundir; inevitavelmente eles se tornam um só.

Por exemplo: se estamos sentados aqui e se todos forem um ego, então haverá muitas pessoas; elas poderão ser contadas. Mas há momentos em que há completo silêncio; então não se pode contar quantas pessoas estão aqui. Há apenas uma consciência, um silêncio, um nada, uma ausência de ego, e apenas nesse estado duas pessoas podem viver na eterna alegria, apenas nesse estado qualquer grupo de pessoas pode viver em imensa harmonia; toda a humanidade pode viver em uma imensa bênção.

Mas tente perceber o "eu" e não o encontrará. E é de imensa importância não encontrá-lo. Contei muitas vezes a história de Bodhidharma e seu encontro com o imperador chinês Wu, um encontro muito estranho, muito frutífero. O imperador Wu talvez fosse naquela época o maior imperador do mundo; ele governava toda a China, a Mongólia, a Coréia e toda a Ásia, exceto a Índia. Ele se convenceu da verdade dos ensinamentos de Gautama Buda, mas as pessoas que trouxeram a mensagem de Buda eram apenas eruditos; nenhum deles era místico. E então veio a notícia de que Bodhidharma estava vindo, e houve uma grande expectativa por toda parte. O imperador Wu se influenciou por Gautama Buda, e isso significava que todo o seu império estava influenciado pelo mesmo ensinamento. Agora um místico verdadeiro, um buda, estava vindo. Foi uma grande alegria!

O imperador Wu nunca antes tinha ido receber ninguém na fronteira entre a China e a Índia e com grande respeito deu as boas-vindas a Bodhidharma e disse: "Indaguei a todos os monges e eruditos que vieram por aqui, mas nenhum deles foi de ajuda; tentei o que pude. Como me livrar deste eu? Pois Buda diz que nossa infelicidade não pode terminar a menos que nos tornemos um não-eu."

Ele foi sincero. Bodhidharma olhou em seus olhos e disse: "Ficarei em um templo ao lado do rio, perto da montanha. Amanhã, exatamente às quatro horas da madrugada, venha e terminarei com esse eu para sempre. Mas lembre-se: não traga nenhuma arma com você e nenhum guarda; você precisa vir sozinho."

Wu ficou um pouco preocupado; o homem era estranho! "Como ele pode destruir tão rapidamente o meu eu? Os eruditos disseram que leva vidas e vidas de meditação, e somente então o eu desaparece. Esse homem é excêntrico! E ele quer me encontrar no escuro, às quatro horas da madrugada, sozinho e sem nem mesmo uma espada, sem guardas e nenhuma outra companhia? Esse homem parece ser estranho, ele pode fazer qualquer coisa. E o que ele quer dizer com acabar com o eu para sempre? Ele pode *me* matar, mas como pode matar o eu?"

O imperador Wu não conseguiu dormir à noite, e toda a hora mudava de idéia: ir ou não ir? Mas havia algo nos olhos de Bodhidharma, algo em sua voz e uma certa aura de autoridade quando ele disse: "Chegue exatamente às quatro horas, e acabarei com esse eu para sempre! Vo-

Entendendo as raízes da infelicidade

cê não precisa se preocupar." O que ele disse parecia absurdo, mas a maneira como disse aquilo e a maneira como olhou foram muito firmes: ele sabia o que estava dizendo. Finalmente Wu precisou ir; ele decidiu arriscar: "No máximo ele pode me matar, e o que mais pode acontecer? E tentei de tudo; não posso atingir esse não-eu, e não há fim para a infelicidade sem atingi-lo."

Ele bateu à porta do templo, e Bodhidharma disse: "Sabia que você viria e também sabia que por toda a noite ficaria mudando de idéia. Mas isso não importa, você veio. Agora, sente-se na postura de lótus, feche os olhos, e vou sentar à sua frente. No momento em que você encontrar seu eu por dentro, apanhe-o para que eu possa matá-lo. Apenas o segure com firmeza e me diga que o apanhou, e eu o matarei e ele estará acabado. É uma questão de minutos."

Wu estava um pouco amedrontado, pois Bodhidharma parecia um louco. Ele fora pintado como louco; ele não era assim, mas as pinturas eram simbólicas. Essa deve ter sido a impressão que ele deixou nas pessoas; aquela não era sua face verdadeira, mas deve ter sido a face de que as pessoas se lembravam. Sentado com o seu grande cajado em frente de Wu, ele lhe disse: "Não espere nem mesmo um segundo. No momento em que você o apanhar, abra os olhos e me diga que o apanhou, e acabarei com ele, e procure em cada recanto interior."

Então houve silêncio. Uma hora se passou, duas horas se passaram. Finalmente o sol estava nascendo, e Wu era um homem diferente. Naquelas duas horas ele olhou todos os recantos interiores, precisou olhar; aquele homem estava sentado ali e podia golpeá-lo na cabeça com o seu cajado. Qualquer coisa poderia acontecer; Bodhidharma não era um homem de etiquetas, de boas maneiras, não fazia parte da corte de Wu. Assim, Wu precisou olhar atenta e intensamente, e ele relaxava à medida que olhava... porque o eu não estava em lugar nenhum! E, ao procurá-lo, todos os pensamentos desapareceram. A procura foi tão intensa que toda a sua energia estava envolvida nela; nada sobrou para pensar e desejar.

Quando o sol estava nascendo, Bodhidharma viu a face de Wu; ele não era a mesma pessoa, tal o silêncio, tal a profundidade. Ele tinha desaparecido.

Bodhidharma o chacoalhou e lhe disse: "Abra os olhos, ele não está aí. Não preciso matá-lo; não sou uma pessoa violenta, não mato nada! Mas esse eu não existe. Por você nunca o ter procurado, ele existia; ele existe apenas em sua inconsciência, quando você não o procura. Agora ele se foi."

Duas horas se passaram, e Wu estava imensamente satisfeito. Ele nunca havia saboreado tal doçura, tal frescor, tal novidade, tal beleza. E o eu não estava... Bodhidharma cumpriu sua promessa. O imperador Wu se curvou, tocou os seus pés e disse: "Por favor, perdoe-me por achar que você era louco, por achar que não conhece as boas maneiras, por achar que era excêntrico, por achar que poderia ser perigoso. Jamais vi uma pessoa tão compassiva çomo você. Estou inteiramente satisfeito; agora não há mais perguntas em mim."

O imperador Wu disse que, quando ele morresse, em sua cova deveria ser escrito em ouro, para que as pessoas nos séculos seguintes soubessem: "Houve um homem que parecia louco, mas que era capaz de realizar milagres. Sem nada fazer, ele me ajudou a ser um não-eu. E desde então tudo mudou; tudo é igual, mas não sou o mesmo, e a vida se tornou uma pura canção de silêncio."

Por que sinto tanta dor ao deixar para trás as coisas que estão me causando infelicidade?

As coisas que estão lhe causando infelicidade devem também estar lhe dando algum prazer; não fosse assim, a questão não surgiria. Se elas fossem pura infelicidade, você as teria abandonado. Mas, na vida, nada é puro; tudo está misturado com o seu oposto, tudo carrega seu oposto em seu seio.

Essa coisa que você chama de infelicidade, analise-a, penetre nela, e perceberá que ela lhe dá algo que você gostaria de ter. Talvez isso ain-

Entendendo as raízes da infelicidade 119

da não seja real, talvez seja apenas uma esperança, uma promessa para o amanhã, mas você se apegará à infelicidade, ao sofrimento, à esperança de que algo que você sempre desejou e ansiou irá acontecer amanhã. Você sofre a infelicidade na esperança do prazer. Se fosse pura infelicidade, seria impossível se apegar a ela.

Observe, seja mais alerta em relação à sua infelicidade. Por exemplo: você está sentindo ciúme, e isso cria infelicidade, mas olhe à volta; deve haver algo positivo nisso. O ciúme também lhe dá algum ego, algum senso de estar separado dos outros, algum senso de superioridade. Seu ciúme pelo menos finge ser amor. Se você não sentir ciúme, sentirá que talvez não ame mais, e você está se apegando ao ciúme porque gostaria de se apegar ao seu amor, pelo menos à sua idéia de amor. Se a sua companheira ou o seu companheiro sair com alguém e você absolutamente não sentir ciúme, imediatamente ficará preocupado, achando que você não ama mais. Por séculos lhe disseram que as pessoas que amam são ciumentas. O ciúme se tornou uma parte intrínseca de seu amor; sem o ciúme, seu amor morre; somente com ele o seu pretenso amor pode viver. Se você quiser o seu amor, terá de aceitar o seu ciúme e a infelicidade criada por ele.

E sua mente é muito esperta e astuta para encontrar racionalizações. Ela dirá: "É natural sentir ciúme." E isso aparenta ser natural porque todos estão sentindo a mesma coisa. Sua mente dirá: "É natural ficar magoado quando o seu amado o abandona, porque você amou tanto! Como se pode evitar a mágoa, a ferida, quando o seu amado o deixa?" Na verdade, de uma maneira bastante sutil e inconsciente, você também está desfrutando a sua ferida. Sua ferida está lhe dando a idéia de que você é um grande amante, de que você amou muito, muito profundamente. Seu amor foi muito profundo; você ficou abalado porque a pessoa amada o deixou. Mesmo se você não ficar abalado, fingirá que está abalado e acreditará em sua própria mentira. Você se comportará como se estivesse muito infeliz, chorará e se lamentará, e suas lágrimas poderão não ser verdadeiras, mas servirão apenas para você se consolar, ao achar que tem muito amor; você precisa chorar e se lamentar.

120 ALEGRIA

Observe todo tipo de infelicidade: ou ela tem algum prazer que você não está disposto a perder, ou ela tem alguma esperança que fica acenando para você de longe. E ela parece tão próxima, na esquina, e você viajou tanto e agora o objetivo está muito próximo; por que abandoná-lo? Você encontrará alguma racionalização, alguma hipocrisia.

Há alguns dias uma mulher me escreveu dizendo que seu companheiro a deixou e que ela não estava se sentindo infeliz; ela queria saber o que estava errado com ela. "Por que não estou me sentindo infeliz? Sou dura demais, como uma rocha? Não sinto nenhuma infelicidade", ela me escreveu. Ela está infeliz por não estar infeliz! Ela tinha a expectativa de que ficaria abalada. "Pelo contrário", ela escreveu, "posso confessar que estou me sentindo feliz, e isso me deixa muito triste. Que tipo de amor é esse? Estou me sentindo feliz, aliviada; um grande fardo desapareceu de meu ser." Ela me perguntou: "Isso é normal? Estou bem ou há algo errado comigo?"

Nada está errado com ela; ela está absolutamente certa. Na verdade, é um alívio quando pessoas que se amam se separam depois de uma longa união e de todos os tormentos que fatalmente acontecem quando se está junto. Mas é contra o ego confessar que é um alívio; pelo menos por alguns dias você apresentará uma face tristonha, com lágrimas falsas escorrendo dos olhos, mas essa é a idéia que prevalece no mundo.

Se alguém morrer e você não ficar triste, começará a sentir que algo certamente está errado com você. Como você pode evitar a tristeza quando alguém morre? Porque nos disseram que isso é natural, é normal, e todos desejam ser naturais e normais. Isso não é normal, mas apenas a média; não é natural, mas apenas um hábito cultivado por muito tempo; fora isso, não há nada a se lamentar ou a chorar a respeito. A morte não destrói nada, o corpo é poeira e cai sobre a poeira, e a consciência tem duas possibilidades: se ela ainda tiver desejos, entrará em um outro útero, ou, se todos os desejos desapareceram, entrará no útero da existência, na eternidade. Nada é destruído; o corpo de novo se

Entendendo as raízes da infelicidade

torna parte da terra, entra em repouso, e a alma entra na consciência universal ou em um outro corpo.

Mas você chora, se lamenta e carrega sua tristeza por muitos dias. Trata-se apenas de uma formalidade; ou, se não for uma formalidade, então há toda a possibilidade de que você nunca tenha amado a pessoa que morreu e que agora está arrependido; você nunca amou a pessoa totalmente e agora não há mais tempo. Agora a pessoa se foi e nunca mais estará disponível. Talvez você tenha discutido com o seu marido e ele morreu à noite, enquanto dormia; você dirá que está chorando por ele ter morrido, mas está chorando realmente porque nem pode pedir perdão, nem conseguiu se despedir. A discussão ficará pairando para sempre sobre você como uma nuvem.

Se você viver cada momento com totalidade, nunca haverá qualquer arrependimento ou culpa. Se você amou totalmente, não surge a questão. Um dia, se a pessoa que amamos for embora, isso simplesmente significa que agora nossos caminhos se separam. Podemos nos despedir, podemos agradecer um ao outro; nós compartilhamos muito, amamos muito, enriquecemos muito a vida um do outro, e o que há para chorar e para se lamentar, e por que ficar infeliz?

Mas as pessoas estão tão enredadas em suas racionalizações que não podem ver além. Elas racionalizam tudo, e mesmo as coisas obviamente simples ficam muito complicadas.

Você me pergunta: "Por que sinto tanta dor ao deixar para trás as coisas que estão me causando infelicidade?" Você ainda não está convencido de que elas estão lhe causando infelicidade. Estou dizendo que elas estão causando infelicidade, mas você ainda não está convencido. E não é uma questão de eu dizer ou não; o básico é que *você* terá de entender: "Essas são as coisas que estão me causando infelicidade." E você terá de perceber que há investimentos em sua infelicidade. Se você quiser esses investimentos, terá de aprender a viver com a infelicidade; se quiser abandonar a infelicidade, terá de abandonar também esses investimentos.

Você observou isto? Se você fala de sua infelicidade às pessoas, elas mostram solidariedade; todos são solidários com a pessoa infeliz. Ora, se você adora obter solidariedade dos outros, não poderá abandonar sua infelicidade; esse é o seu investimento.

O marido infeliz chega em casa, a mulher está carinhosa, compreensiva. Quanto mais infeliz ele for, mais os filhos têm consideração com ele; quanto mais infeliz ele for, mais seus amigos são amigáveis; todos cuidam dele. No momento em que ele começa a ficar feliz, eles retiram sua solidariedade, é claro, pois uma pessoa feliz não precisa de solidariedade. Quanto mais feliz ele for, mais descobre que ninguém se importa com ele. De repente, é como se todos ficassem duros, gelados. Ora, como você pode abandonar a sua infelicidade?

Você terá de abandonar esse desejo de atenção, esse desejo de inspirar solidariedade nas pessoas. Na verdade, é muito feio desejar a solidariedade das pessoas; isso o torna um mendigo. E lembre-se: solidariedade não é amor; elas estão agindo por obrigação, estão cumprindo uma espécie de dever, e isso não é amor. Elas podem não gostar de você, mas mesmo assim terão comiseração por você. Isso é etiqueta, cultura, civilização, formalidade, mas você está vivendo com coisas falsas. Sua infelicidade é real, e o que você está obtendo em troca é falso. É claro, se você ficar feliz, se abandonar suas infelicidades, será uma mudança radical em seu estilo de vida; as coisas podem começar a mudar.

Certa vez uma mulher me procurou, a esposa de um dos homens mais ricos da Índia, e ela disse: "Quero meditar, mas meu marido é contra."

Eu lhe perguntei: "Por que ele é contra a meditação?"

Ela respondeu: "Ele diz: 'Gosto da maneira como você é. Não sei o que acontecerá depois da meditação. Se começar a meditar, inevitavelmente você mudará; então não sei se serei capaz ou não de amá-la, pois você será outra pessoa.'"

Eu disse à mulher: "Seu marido levantou um ponto importante, pois certamente as coisas serão diferentes. Você ficará mais livre, mais

Entendendo as raízes da infelicidade

independente, será mais alegre, e seu marido terá de aprender a viver com uma nova mulher. Ele poderá não gostar de você daquele jeito, poderá se sentir inferior. No momento ele se sente superior a você."

E continuei: "Seu marido está certo: antes de entrar no caminho da meditação, você precisará considerar esse ponto, pois há perigos à frente."

Ela não me escutou e começou a meditar. Agora ela está divorciada e veio me ver depois de alguns anos, dizendo: "Você estava certo. Quanto mais silenciosa eu ficava, mais meu marido ficava furioso comigo. Ele nunca foi tão violento; algo estranho começou a acontecer. Quanto mais silenciosa e quieta eu ficava, mais agressivo ele se tornava." Toda a sua mente machista estava em perigo, e ele queria destruir a paz e o silêncio que estavam acontecendo à mulher para que pudesse continuar superior. E porque isso não pôde acontecer da maneira que ele queria, ele se divorciou da mulher.

Este é um mundo muito estranho! Se você ficar sereno, seu relacionamento com as pessoas mudará, pois você será uma pessoa diferente. Se o seu relacionamento acontecia devido à sua infelicidade, o relacionamento pode desaparecer.

Eu tinha um amigo que era professor na mesma universidade em que eu lecionava. Ele era um grande servidor social... Na Índia, ainda é um problema o que fazer com as viúvas, porque ninguém quer se casar com elas, e elas também não são a favor de se casarem, pois isso parece pecado. E esse professor estava determinado a se casar com uma viúva, e não estava preocupado se ele estava ou não amando a mulher; isso era secundário, irrelevante, e seu único interesse era que ela deveria ser viúva. E ele convenceu uma mulher, lentamente, e ela ficou disposta a se casar com ele.

Eu disse ao homem: "Antes de você se arriscar, considere o assunto por pelo menos três dias; isole-se. Você ama a mulher ou é apenas um grande serviço social que você está fazendo?" Na Índia, casar-se com uma viúva é considerado algo muito revolucionário, algo radical. "Você está apenas tentando provar que é revolucionário? Se esse for o caso, você entrará em dificuldades, pois, no momento em que você se casar, ela deixará de ser viúva e todo o seu interesse irá desaparecer."

Ele não me escutou e se casou... e após seis meses ele me disse: "Você estava certo." Ele chorou e confessou: "Não percebi o ponto: eu estava apaixonado pela viuvez, e não por ela, e agora certamente ela não é mais viúva."

Então eu disse: "Faça uma coisa, suicide-se, faça dela novamente uma viúva e dê a chance para um outro homem ser revolucionário! O que mais você pode fazer?"

A mente humana é muito estúpida, muito inconsciente. Ela está em um sono muito profundo, roncando.

Você não pode deixar para trás as coisas que estão lhe causando infelicidade porque ainda não percebeu as vantagens, ainda não as observou profundamente, ainda não percebeu que está tirando algum prazer de sua infelicidade. Você terá de abandonar ambos, e então não haverá problema. Na verdade, a infelicidade e o prazer somente podem ser abandonados juntos, e então o que surge é o estado de plenitude.

O estado de plenitude não é prazer e nem mesmo felicidade. A felicidade está sempre atada à infelicidade, e o prazer está sempre atado ao sofrimento. Ao abandonar ambos... Você quer abandonar a infelicidade para que possa ser feliz, mas essa abordagem está absolutamente errada. Você terá de abandonar ambas. Ao perceber que elas estão unidas, você as abandona; você não pode escolher uma parte.

Na vida, tudo tem uma unidade orgânica. A dor e o prazer não são duas coisas. Realmente, se tivéssemos uma linguagem mais científica, abandonaríamos essas palavras "dor" e "prazer" e teríamos uma só palavra: "dorprazer", "felicidadeinfelicidade", "dianoite", "vidamorte"... Essas são uma só palavra porque são inseparáveis. E você quer escolher só uma parte, quer ter apenas as rosas e não os espinhos, apenas o dia e não a noite, apenas o amor e não o ódio. Isso não irá acontecer, as coisas não são assim. Você terá de abandonar ambas, e então surge um mundo totalmente diferente: o mundo da plenitude.

Entendendo as raízes da infelicidade 125

Plenitude é serenidade absoluta, não perturbada pela dor nem pelo prazer.

Para comemorar seu quadragésimo aniversário de casamento, Seymour e Rose foram ao mesmo hotel de dois andares em que passaram a lua-de-mel.

"Agora", disse Seymour, "como na primeira noite, vamos tirar as roupas, ficar em cantos opostos do quarto, apagar a luz, correr um para o outro e nos abraçar."

Eles se despiram, foram para cantos opostos do quarto, apagaram a luz e correram um em direção ao outro. Mas o sentido de direção deles estava entorpecido pelos quarenta anos que se passaram desde a primeira vez, e Seymour não encontrou Rose e foi parar na janela, caindo e aterrissando na grama.

Seymour bateu na janela da recepção para chamar a atenção do funcionário: "Caí da janela", ele disse, "e estou sem roupa e preciso voltar a meu quarto."

"Tudo bem", disse o recepcionista. "Pode vir que ninguém o verá."

"Você está doido? Tenho de atravessar a recepção e estou completamente despido!"

"Ninguém o verá", repetiu o funcionário. "Todo mundo está no andar de cima tentando desentalar uma velhinha da maçaneta da porta..."

As pessoas são tão tolas! E não apenas os mais jovens; quanto mais velho, mais tolo você fica, quanto mais experiente, parece que mais estupidez você acumula na vida. Raramente acontece de uma pessoa começar a observar, a verificar sua própria vida e seus padrões de vida.

Perceba o que é sua infelicidade, que desejos a estão causando e por que você está se apegando a esses desejos. E não é a primeira vez que você se apega a esses desejos; esse tem sido o padrão de toda a sua vida, e você não chegou a lugar nenhum. Você fica girando em círculos e nunca chega a um crescimento real, continuando infantil e estúpido. Você

126 ALEGRIA

nasceu com a inteligência que pode fazer de você um buda, mas ela é perdida em coisas desnecessárias.

Um fazendeiro que tinha dois velhos touros impotentes comprou um touro jovem e vigoroso.

Imediatamente o reprodutor começou a cobrir uma vaca após a outra no pasto. Depois de observar isso por uma hora, um dos touros velhos começou a escavar o chão com as patas e a bufar.

"O que há?", perguntou o outro. "Você está querendo voltar à juventude?"

"Não", respondeu o primeiro touro, "mas não quero que aquele sujeito ache que sou uma das vacas."

Mesmo na velhice as pessoas carregam os seus egos. Elas têm de fingir, têm de fazer pose, e toda a sua vida nada mais é do que uma longa história de infelicidade, e mesmo assim elas a defendem. Em vez de se aprontarem para mudá-la, elas ficam muito defensivas.

Abandone toda a defensividade, todas as armaduras; comece a observar como você vive a sua vida cotidiana, momento a momento. E tudo o que você estiver fazendo, entre nos detalhes. Você não precisa ir a um psicanalista, mas pode analisar cada padrão de sua vida por você mesmo; esse é um processo tão simples! Apenas observe e será capaz de perceber o que está acontecendo, o que tem acontecido. Você tem escolhido, e esse tem sido o problema; tem escolhido uma parte contra a outra, e elas estão juntas. Não escolha, apenas observe, fique consciente sem escolher e estará no paraíso.

Antes de se envolver em um relacionamento, a pessoa deveria primeiro chegar a um acordo com a própria solidão?

Sim, você precisa entrar em acordo com a sua solidão a tal ponto que a solidão se transforme em solitude. Somente então você será capaz de cultivar um relacionamento profundo e enriquecedor, somente então será capaz de cultivar o amor. O que quero dizer quando falo que a pessoa deveria chegar a um acordo com a própria solidão a ponto de ela se tornar solitude?

A solidão é um estado negativo da mente; a solitude é positiva, não considerando o que dizem os dicionários. Nos dicionários, solidão e solitude são sinônimas; na vida, elas não são. A solidão é um estado mental em que você está constantemente sentindo falta do outro; a solitude é um estado mental em que você está constantemente deliciado consigo mesmo. A solidão é infeliz; a solitude é um estado muito agradável. A solidão está sempre preocupada, sentindo falta de alguma coisa, ansiando e desejando algo; a solitude é um profundo preenchimento sem sair para fora, imensamente contente, feliz, celebrativo. Na solidão você está descentrado; na solitude você está centrado e enraizado. A solitude é bela, tem uma elegância à sua volta, uma graça, um clima de imensa satisfação. A solidão é mendiga; ela gira em torno da mendicância e nada mais; não há graça à sua volta e, na verdade, ela é feia. A solidão é uma dependência; a solitude é pura independência. Na solitude a pessoa se sente como sendo o próprio mundo, a própria existência.

Ora, se você entrar em um relacionamento quando estiver se sentindo solitário, então explorará o outro. O outro se tornará um meio para satisfazê-lo; você usará o outro, e todos se ressentem por serem usados, pois ninguém está aqui para se tornar um meio para uma outra pessoa. Todo ser humano é um fim em si mesmo, e ninguém está aqui para ser usado como um objeto; todos estão aqui para serem venerados como reis. Ninguém está aqui para preencher as expectativas de uma outra pessoa; todos estão aqui para serem simplesmente o que são.

Dessa maneira, sempre que você entra em qualquer relacionamento a partir da solidão, o relacionamento já está arruinado. Mesmo antes de ele ter começado, já está arruinado; mesmo antes do nascimento, a criança está morta. Ele irá criar mais infelicidade para você.

E lembre-se: se você vive em função da sua solidão, cairá em um relacionamento com alguém que está no mesmo apuro, pois ninguém que está vivendo em solitude será atraído por você; você estará muito abaixo dessa pessoa. No máximo ela pode sentir compaixão por você, mas não pode amá-lo. Quem está no auge de sua solitude somente pode ser atraído por alguém que também está vivendo na solitude.

Assim, sempre que vive em função de sua solidão, você encontra uma pessoa do mesmo tipo, encontra seu próprio reflexo em algum lugar. Dois mendigos se encontrarão, duas pessoas infelizes se encontrarão. E lembre-se: quando duas pessoas infelizes se encontram, não acontece uma simples adição, mas uma multiplicação. Elas criam muito mais infelicidade uma para a outra do que poderiam criar em sua solidão.

Primeiro fique sozinho, primeiro comece a desfrutar a si mesmo, primeiro ame a si mesmo, primeiro se torne tão autenticamente feliz que não importa se ninguém vier. Você está repleto, transbordante; se ninguém bater à sua porta, está perfeitamente bem, você não está sentindo falta de nada, não está esperando que alguém venha e bata à porta. Você está em casa; se alguém vier, bom, belo; se ninguém vier, isso também é bom e belo. *Depois* entre em um relacionamento, pois agora você caminha como um mestre, e não como um mendigo; agora você caminha como um imperador, e não como um mendigo.

E a pessoa que vive em sua solitude sempre será atraída por uma outra pessoa que está vivendo em sua solitude de uma maneira bela, porque semelhante atrai semelhante. Quando dois mestres de seus seres e de suas solitudes se encontram, a felicidade não é apenas somada, mas multiplicada e se torna um imenso fenômeno de celebração. E eles não exploram, mas compartilham; eles não usam um ao outro; pelo contrário, tornam-se um só e desfrutam a existência que os circunda.

Duas pessoas solitárias estão sempre se encarando, se confrontando; duas pessoas que conhecem a solitude estão juntas e encaram algo mais elevado do que ambas. Sempre dou este exemplo: dois amantes comuns que são solitários sempre se olham; dois amantes verdadeiros, em uma noite de lua cheia, não se olham, mas podem se dar as mãos e olhar a lua cheia no céu. Eles não se olham, mas estarão juntos olhando uma outra coisa. Às vezes eles ouvirão juntos uma sinfonia de Mozart, Beethoven ou Wagner; às vezes ficarão sentados ao lado de uma árvore e desfrutarão o magnífico ser da árvore os envolvendo; às vezes ficarão sentados perto de uma cachoeira escutando a música selvagem que está continuamente sendo criada ali; às vezes, ao lado do oceano, estarão olhando para a mais distante possibilidade que os olhos podem enxergar.

Sempre que duas pessoas solitárias se encontram, elas olham uma para a outra, pois estão constantemente em busca de maneiras e meios de explorar a outra, de como usar a outra, de como ser feliz por meio da outra. Mas duas pessoas profundamente satisfeitas consigo mesmas não estão tentando usar uma à outra; em vez disso, tornam-se companheiras de viagem e caminham em uma peregrinação. O objetivo é superior, é distante; seu interesse comum as une.

Normalmente o interesse comum é o sexo. O sexo pode unir duas pessoas momentânea e casualmente, mas muito superficialmente. Já os amantes verdadeiros têm um grande interesse comum. Não é que não haja sexo; poderá haver, mas como parte de uma harmonia superior. Ao escutar uma sinfonia de Mozart ou Beethoven, eles podem se aproximar tanto que podem fazer amor um com o outro, mas na harmonia maior de uma sinfonia de Beethoven. A sinfonia era a coisa real, e o amor acontece como parte dela. E, quando o amor acontece espontaneamente, sem ser procurado, sem ser pensado, e simplesmente acontece como parte de uma harmonia superior, ele tem uma qualidade totalmente diferente em si. Ele é divino, e não mais humano.

A palavra *happiness* (*felicidade*, em português) vem da palavra escandinava *hap*. A palavra *happening* (*acontecer*, em português) também vem da mesma raiz. *Happiness* (felicidade) é aquilo que *happens* (acontece). Você não pode produzi-la, não pode comandá-la, não pode forçá-la. No máximo você pode estar disponível a ela. Sempre que ela acontece, ela acontece.

Dois amantes verdadeiros estão sempre disponíveis, mas nunca pensam a respeito, nunca tentam encontrar a felicidade. Então eles nunca ficam frustrados, porque sempre que acontece, acontece. Eles criam a situação; na verdade, se você estiver feliz consigo mesmo, você já é a situação, e, se a outra pessoa também estiver feliz com ela mesma, ela também é a situação. Quando essas duas situações se aproximam, uma situação maior é criada. Nessa situação maior muito acontece e nada é feito.

O ser humano não precisa fazer nada para ser feliz, mas apenas fluir e se entregar.

Dessa maneira, a questão é: "Antes de se envolver em um relacionamento, a pessoa deveria primeiro entrar em acordo com a própria solidão?" Sim, absolutamente sim. Precisa ser assim; do contrário, você ficará frustrado e, em nome do amor, fará uma outra coisa que de maneira nenhuma é amor.

Isto é realmente tudo o que existe? Minha vida parece tão sem sentido e vazia. Fico achando que deve haver algo mais. Quero que haja algo mais!

Há infinitamente mais, porém o seu querer é uma barreira para chegar a esse mais. O desejo é como uma parede que o circunda; a ausência de desejo se torna uma porta.

Esta é uma das leis da vida mais paradoxais, porém muito fundamental: deseje e perderá, não deseje e será seu.

Jesus diz: "Procure e encontrará." Buda diz: "Não procure, do contrário você perderá." Jesus diz: "Peça, e lhe será dado." Buda diz: "Não peça, do contrário nunca lhe será dado." Jesus diz: "Bata, e as portas lhe serão abertas." Buda diz: "Espere... observe... a porta não está fechada." Se você bater, esse próprio ato mostra que está batendo em algum outro lugar, como na parede, porque as portas estão sempre abertas.

Jesus é tão iluminado quanto Buda, pois não há como ser mais iluminado ou menos iluminado. Então, por que essa diferença? A diferença vem das pessoas a quem Jesus está falando. Ele está falando a pessoas que não são iniciadas, que não são iniciadas nos mistérios da vida. Bu-

Entendendo as raízes da infelicidade   *131*

da está falando para um tipo de grupo totalmente diferente, os iniciados, os adeptos, os que podem compreender o paradoxal. O paradoxal significa o misterioso.

Você diz: "Minha vida parece tão sem sentido e vazia..." Ela parece tão sem sentido e vazia porque você está constantemente ambicionando mais. Abandone a ambição e passará por uma transformação radical. O vazio desaparece imediatamente quando você pára de pedir mais; o vazio é um subproduto do pedir mais, é uma sombra que segue o desejo de mais. Deixe que o desejo desapareça e olhe para trás; não há mais sombra.

Nossa mente *é* pedir mais, um constante pedir mais. Não faz diferença quanto você tem, a mente insistirá em pedir mais. E por ela continuamente pedir mais, você fica sentindo que está vazio, que está perdendo muita coisa. Perceba o ponto: o vazio é criado pelo pedir mais. O vazio não existe, é uma falácia, mas parece muito real quando você é apanhado na rede do desejo.

Perceba que o desejo é a causa de seu vazio. Observe o seu desejo, e nesse observar ele desaparece, e, com ele, o vazio desaparece. Então vem um profundo preenchimento; você se sente tão repleto que começa a transbordar, tem tanto que começa a compartilhar, que começa a dar, dar pela simples alegria de dar, e não por nenhuma outra razão. Você fica como uma nuvem pronta para se derramar; a nuvem precisa derramar a sua água em algum lugar, mesmo nas rochas, onde nada irá crescer; ela se derramará incondicionalmente, sem perguntar se este é ou não o lugar certo para chover. Ela estará tão carregada de água que *precisa* se derramar para se aliviar.

Quando o desejo desaparece, você fica tão repleto de bem-estar, tão repleto de satisfação, tão repleto de preenchimento que começa a compartilhar, e isso acontece espontaneamente. E então há significado na vida, há sentido na vida, há poesia, beleza, graça, música, harmonia; sua vida se torna uma dança.

Esse vazio e essa ausência de sentido é o seu fazer; portanto, você pode desfazê-lo. Você diz: "Fico achando que deve haver algo mais." Isso é que está criando o problema. E não estou dizendo que não há algo mais; há muito mais do que você possa imaginar, eu o vi, o ouvi, o experimentei; há infinitamente mais! Mas você jamais entrará em contato com isso se o desejo continuar. O desejo é uma parede; a ausência de desejo é uma ponte. A plenitude é um estado de ausência de desejo; a infelicidade é um estado de desejo.

Você diz: "Quero que haja algo mais!" Quanto mais você desejar, mais perderá. Você pode escolher; se você quiser permanecer infeliz, deseje mais, mais e mais e perderá mais e mais. Essa é a sua escolha, lembre-se, é a sua responsabilidade; ninguém o está forçando. Se você realmente quiser perceber aquilo que é, não anseie pelo futuro, por mais. Simplesmente perceba aquilo que é.

A mente está constantemente pedindo, desejando, demandando e criando frustração, pois ela vive em expectativas. O mundo inteiro está sofrendo da sensação de ausência de sentido, e a razão é que o ser humano está pedindo mais do que jamais pediu antes. Pela primeira vez o ser humano está desejando mais do que jamais desejou. A ciência lhe deu muita esperança, muito suporte para que ele deseje mais. No início do século XX havia muito otimismo por todo o mundo, pois a ciência estava abrindo novas portas e todos estavam achando: "Chegou a era de ouro, ela está logo depois da esquina. Nós a alcançamos e na nossa própria vida veremos que o paraíso desceu sobre a terra." Naturalmente todos começaram a desejar cada vez mais.

O paraíso não desceu sobre a terra; em vez disso, a terra se tornou um inferno. A ciência liberou os seus desejos, deu apoio a eles, deu apoio às suas esperanças de que esses desejos poderiam ser satisfeitos. E o resultado é que o mundo inteiro está vivendo em profunda infelicidade, e nunca foi assim antes. Isso é muito estranho, porque pela primeira vez o ser humano tem mais posses do que nunca, pela primeira vez o ser humano tem mais segurança, mais proteção, mais tecnologia científica, mais conforto do que nunca. Porém há mais ausência de sentido também. O ser humano nunca esteve em tamanho desespero, em tal esforço desenfreado para obter mais.

Entendendo as raízes da infelicidade   *133*

A ciência lhe dá o desejo; a meditação lhe dá um discernimento sobre o desejo. Esse discernimento o ajuda a abandonar o desejo. E então, subitamente, algo que até agora esteve oculto se torna manifesto. Algo aflora de dentro de seu ser, e tudo o que você desejou é satisfeito... e mais. Mais está disponível do que você poderia ter imaginado, do que qualquer um jamais imaginou. A plenitude inimaginável desce sobre você, mas prepare o terreno, prepare o solo correto, e a ausência de desejo é o nome do solo correto.

Fique em um estado de ânimo receptivo. Você é agressivo, quer mais, e isso é uma agressão sutil. Seja receptivo, aberto, disponível... então estará habilitado a todos os milagres possíveis.

Sinto-me preso. A frustração do tédio aumenta quando acho que qualquer coisa que eu possa fazer é uma loucura sem sentido. O que exatamente é o tédio?

O tédio é uma das coisas mais importantes da vida humana. Apenas o ser humano é capaz de sentir tédio; nenhum outro animal é capaz de se sentir entediado. O tédio existe apenas quando a mente começa a se aproximar da iluminação; ele é o pólo oposto da iluminação. Os animais não podem se iluminar, então também não podem ficar entediados.

O tédio simplesmente mostra que você está ficando consciente da futilidade da vida, de sua roda constantemente repetitiva. Você já fez todas essas coisas antes, e nada aconteceu; você já esteve em todas essas viagens antes, e nada surgiu a partir daí. O tédio é a primeira indicação de que uma grande compreensão está surgindo em você sobre a futilidade, a ausência de sentido da vida e de seus caminhos.

Você pode responder ao tédio de duas maneiras. Uma maneira é a que as pessoas comuns fazem: escapar dele, evitá-lo, não olhar para ele olhos nos olhos, não o encarar. Você pode mantê-lo às suas costas e fugir; entrando em coisas que possam ocupar você, que possam se tornar obsessões, que o levam tão distante das realidades da vida a ponto de você nunca perceber o tédio surgindo novamente.

É por isso que as pessoas inventaram o álcool e as outras drogas. Essas são maneiras de escapar do tédio, mas você não pode realmente escapar, e sim apenas evitá-lo por um tempo. Repetidamente o tédio virá, e repetidamente ele será cada vez mais gritante. Você pode escapar no sexo, no comer exageradamente, na música, em mil e um tipos de coisas, mas repetidamente o tédio surgirá. Ele não é algo que possa ser evitado, pois é parte do crescimento humano. Ele precisa ser encarado.

A outra resposta é encará-lo, meditar sobre ele, estar com ele, ser ele. Foi isso que Buda fez sob a árvore *bodhi*, é isso que todas as pessoas do Zen têm feito através dos tempos.

O que exatamente é a meditação? Encarar o tédio é meditação. O que um meditador fica fazendo? Ao sentar em silêncio, sentindo o próprio abdômen ou observando a respiração, você acha que ele está entretido com essas coisas? Ele está completamente entediado! É por isso que o mestre Zen fica caminhando com um bastão na mão, pois essas pessoas entediadas inevitavelmente adormecerão. Não há outra fuga, e só resta uma: pelo menos elas podem adormecer. Elas não podem escapar, e por iniciativa própria estão fazendo parte do treinamento e da disciplina do Zen; elas não podem escapar. Mas uma fuga está sempre disponível: a pessoa pode adormecer, e então se esquece de tudo. É por isso que na meditação a pessoa fica com sono.

Na meditação, todo o esforço é este: fique entediado, mas não escape disso e permaneça alerta, pois, se adormecer, você escapou. Permaneça alerta! Observe o tédio, testemunhe-o; se ele estiver presente, tudo bem... Ele precisa ser investigado até o seu âmago.

Se você insistir em investigar o tédio sem escapar, vem a explosão. Repentinamente um dia, ao observar profundamente o tédio, você penetra em seu próprio nada. O tédio é apenas a capa, o recipiente no qual está contido seu nada interior. Se você fugir do tédio, estará escapando de seu próprio nada. Se você não fugir do tédio, se começar a viver com

Entendendo as raízes da infelicidade

ele, se começar a aceitá-lo, a dar-lhe as boas-vindas... Meditação é isto: dar as boas-vindas ao tédio, penetrar nele por iniciativa própria, sem esperar que ele venha, mas procurando-o.

Ao ficar sentado por horas em uma postura de ioga, apenas observando a respiração, a pessoa fica completamente entediada. E todo o treinamento da meditação é tal que ajuda o tédio. Em um mosteiro Zen a pessoa precisa acordar todos os dias na mesma hora; todos os dias, ano após ano. Não importa se é verão ou inverno, a pessoa precisa acordar cedo, às três horas, e tomar banho. Ela precisa beber o mesmo chá e se sentar... As mesmas posturas feitas repetidamente. E o dia inteiro também é uma rotina muito fixa: a pessoa comerá seu desjejum a uma certa hora, depois meditará novamente, almoçará a uma determinada hora, e a mesma comida! Tudo ajuda o tédio.

E as mesmas roupas, o mesmo mosteiro e o mesmo mestre todos os dias andando com o seu bastão. Todos os dias à tarde a pessoa precisa ir a uma sessão com o mestre, e as questões levantadas para meditar são muito entediantes: "Qual é o som de uma só mão batendo palmas?" Pense a respeito, e isso o deixará louco! Qual é o som de uma só mão batendo palmas? Não há resposta para ela, e você sabe disso, todos sabem que não há resposta. E o mestre fica insistindo: "Continue repetindo, continue meditando a respeito."

Tudo isso é muito bem planejado. O tédio precisa ser imensamente criado, tremendamente criado. O tédio precisa ter permissão de estar presente o mais totalmente possível, precisa receber ajuda, apoio de todos os lados. O mesmo entardecer, o mesmo trabalho, o mesmo entoar de mantras. E de novo a pessoa precisa ir dormir à mesma hora... e isso segue em frente, essa roda. Em poucos dias a pessoa fica completamente entediada e não pode escapar, não há como escapar. Ela não pode ir ao cinema, não pode assistir televisão, não pode ter nada que possa ajudá-la a evitar o tédio. Ela é repetidamente arremessada a ele.

Para encará-lo, muita coragem é necessária. Ele é praticamente como a morte; na verdade, muito mais árduo do que a morte, porque a morte vem quando você está inconsciente. E a pessoa está provocando todos os tipos de tédio. O que acontece? Este é o segredo de todas as meditações: se você insistir em observar, observar e observar, o tédio fica cada vez maior, cada vez mais intenso, e então ele atinge o auge. Nada pode seguir em frente para sempre; há um ponto em que a roda muda de direção. Se você puder ir até o extremo, até o ponto culminante, então acontece a mudança, a transformação, a iluminação, o *satori* ou o nome que você quiser dar. Então, um dia, subitamente, o tédio fica demasiado. Você fica sufocado, está sendo praticamente morto por ele. Você fica circundado por um oceano de tédio, é inundado por ele e parece não haver como escapar. A própria intensidade e totalidade dele, e a roda muda de direção. Repentinamente o tédio desaparece e há o *satori*, o samádi. Você penetrou em seu nada.

Agora não haverá mais tédio. Você percebeu o nada da vida, você desapareceu; quem pode estar entediado? Com o quê? Você não existe mais, foi aniquilado.

Você pergunta: "O que exatamente é o tédio?"

Um grande fenômeno espiritual. É por isso que os búfalos não ficam entediados; eles parecem perfeitamente felizes e alegres. Apenas o ser humano fica entediado, e no ser humano apenas as pessoas muito talentosas e inteligentes ficam entediadas. As pessoas estúpidas não ficam entediadas; elas estão perfeitamente felizes fazendo o seu trabalho, ganhando dinheiro, aumentando a conta bancária, aumentando o número de filhos, reproduzindo-se, comendo, indo ao cinema, ao restaurante, participando disso e daquilo; elas estão desfrutando e não estão entediadas. Essas pessoas são o tipo mais baixo e realmente pertencem ao mundo dos búfalos; elas ainda não são humanas.

Uma pessoa se torna humana quando começa a se sentir entediada. Você pode perceber isto: a criança mais inteligente será a mais entediada, pois nada pode manter o seu interesse por muito tempo. Mais cedo ou mais tarde ela se depara com o fato e pergunta: "E agora? O que vem em seguida? Isso está acabado. Vi este brinquedo, o investiguei, o

Entendendo as raízes da infelicidade   *137*

abri, o analisei; agora terminei com ele; o que vem em seguida?" Quando ela entrar na juventude, já estará entediada.

Buda estava completamente entediado. Ele deixou o seu reinado quando tinha apenas vinte e nove anos de idade, no auge de sua juventude. Ele estava completamente entediado de mulheres, de vinho, de riquezas, do reinado, de tudo. Ele viu tudo, passou por tudo e ficou entediado e renunciou ao mundo não porque o mundo estava errado, lembre-se. Tradicionalmente se diz que ele renunciou ao mundo porque o mundo é ruim, mas essa é uma tolice absoluta. Ele renunciou ao mundo porque se entediou dele.

O mundo não é ruim nem bom. Se você for inteligente, ele é um tédio; se você for estúpido, pode seguir em frente; então ele é um carrossel, e você se move de uma sensação a outra. Você fica interessado em trivialidades, fica repetindo e não está suficiente consciente para perceber a repetição, não pode perceber que ontem fez uma coisa, que hoje está fazendo a mesma coisa e fica imaginando fazer de novo a mesma coisa amanhã. Você deve ser realmente pouco inteligente. Como a inteligência pode evitar o tédio? É impossível, pois inteligência é perceber as coisas como elas são.

Buda deixou o mundo por causa do tédio; completamente entediado, ele fugiu do mundo. E o que ele fez por seis anos, sentado naquelas florestas? Ele estava ficando cada vez mais entediado. O que você pode fazer sentado em uma floresta? Observando sua respiração, sentindo o abdômen, dia após dia, ano após ano. Buda criou esse tédio até seu ponto culminante, e em uma noite o tédio desapareceu, desapareceu espontaneamente.

Se você alcançar o ponto culminante, vem a mudança de direção. Ela vem! E com essa mudança da maré, a luz entra em seu ser; você desaparece, e somente a luz permanece. E com a luz vem o deleite; você fica repleto de alegria; você *não* é, mas fica repleto de alegria por nenhuma razão. A alegria simplesmente borbulha em seu ser.

138 ALEGRIA

A pessoa comum fica alegre por uma razão específica; ela se apaixona por uma nova mulher ou por um novo homem e fica alegre. Sua alegria é momentânea; amanhã ela ficará saturada e começará a procurar uma outra companhia. A pessoa comum fica alegre porque comprou um carro novo, mas amanhã terá de procurar um outro carro. Isso segue em frente... e ela nunca percebe o ponto, que sempre fica entediada no final. Faça o que fizer, no final ela fica entediada; todos os atos trazem o tédio. A pessoa inteligente percebe isso e, quanto mais cedo perceber, mais inteligência mostrará ter.

Então o que sobra? Sobra apenas o tédio, e a pessoa precisa meditar sobre ele. Não há como escapar, então penetre nele, perceba onde ele o leva. E, se você puder continuar a entrar nele, ele levará à iluminação.

Apenas o ser humano é capaz de sentir tédio e apenas o ser humano é capaz de se iluminar.

Você pode dizer algo sobre o problema das drogas? O que leva as pessoas a usar drogas?

Isso não é algo novo; é tão antigo quanto o ser humano. Nunca houve uma época em que o ser humano não estivesse em busca da fuga. O livro mais antigo do mundo é o *Rigveda*, e ele está repleto de comentários sobre o uso de uma droga, *soma*.

Desde aquela época todas as religiões tentaram fazer com que as pessoas não se envolvessem com drogas, e todos os governos têm sido contrários às drogas. Mesmo assim, elas provaram ser mais poderosas do que os governos e as religiões, pois ninguém investigou a psicologia do usuário de drogas. O ser humano está infeliz, vive ansioso, angustiado, frustrado, e parece não haver escapatória, exceto pelas drogas.

A única maneira de prevenir o uso das drogas será tornar as pessoas alegres, felizes e plenas.

Também sou contra as drogas, pela simples razão de que elas o ajudam a se esquecer por um tempo de sua infelicidade. Elas não o prepa-

Entendendo as raízes da infelicidade 139

ram para lutar contra a infelicidade e o sofrimento; pelo contrário, elas o enfraquecem.

Mas as razões das religiões e dos governos serem contrários às drogas e a minha razão de ser contrário são totalmente diferentes. Eles querem que as pessoas permaneçam infelizes e frustradas, pois os que sofrem nunca são rebeldes; seus seres são torturados e estão se despedaçando e não podem conceber uma sociedade melhor, uma cultura melhor, um ser humano melhor. Por causa dessa infelicidade, qualquer um pode se tornar uma vítima fácil dos sacerdotes, porque esses o consolarão e dirão: "Bem-aventurados são os pobres, bem-aventurados são os mansos, bem-aventurados são os que sofrem, pois eles herdarão o reino de Deus."

A humanidade sofredora também está nas mãos dos políticos, porque a humanidade sofredora precisa de alguma esperança, a esperança de haver uma sociedade sem divisão de classes em algum momento no futuro, a esperança de haver uma sociedade onde não haja pobreza, nenhuma fome, nenhuma aflição. Em resumo, se tiverem uma utopia no horizonte, as pessoas podem dar um jeito e serem pacientes com os seus sofrimentos. E você deve registrar o significado da palavra *utopia*. Ela significa aquilo que nunca acontece; é como o horizonte, ele está tão próximo que você acha que pode correr e encontrar o lugar onde a terra e o céu se encontram. Mas você pode continuar a correr por toda a vida e nunca encontra o lugar, porque não há tal lugar. Trata-se de uma ilusão.

O político e o sacerdote vivem das promessas. Nos últimos dez mil anos ninguém entregou o que disse que entregaria. A razão de serem contra as drogas é que elas destroem todo o seu negócio. Se as pessoas começarem a tomar ópio, haxixe ou LSD, não se importarão com o comunismo, com o que acontecerá amanhã, com a vida após a morte, com Deus ou o paraíso. Elas ficarão preenchidas no momento.

Minhas razões são diferentes. Também sou contrário às drogas, não porque elas cortam as raízes das religiões e dos políticos, mas por-

140   ALEGRIA

que destroem seu crescimento interior em direção à espiritualidade. Elas o impedem de atingir a terra prometida; você fica perambulando em torno de alucinações, enquanto é capaz de atingir o real. Elas lhe dão um brinquedo.

Mas já que as drogas não vão desaparecer, gostaria que todos os governos, por meio de laboratórios científicos, purificassem as drogas para torná-las mais saudáveis e sem nenhum efeito colateral, o que é possível agora. Podemos criar uma droga como aquela que Aldous Huxley, em memória ao *Rigveda*, chamou de "soma", uma droga que não tenha nenhum efeito negativo, que não vicie, que seja uma alegria, uma felicidade, uma dança, uma canção.

Se não podemos tornar possível que cada um se torne um Gautama Buda, não temos o direito de impedir que as pessoas tenham pelo menos vislumbres ilusórios do estado estético que Gautama Buda deve ter tido. Talvez essas pequenas experiências levem as pessoas a investigarem mais. Mais cedo ou mais tarde elas ficarão saturadas da droga, pois ela repetirá constantemente a mesma cena. Não importa quão bela seja a cena, a repetição a deixará entediante.

Assim, primeiro purifique a droga de todos os efeitos nocivos e, em segundo lugar, deixe que ela seja desfrutada por quem quiser desfrutá-la. As pessoas ficarão entediadas... E então o único caminho será o de procurar algum método de meditação para encontrar o estado de plenitude suprema.

A questão está basicamente relacionada com os jovens. O abismo entre gerações é o fenômeno mais recente no mundo; ele nunca aconteceu dessa maneira antes. No passado, os filhos de seis ou sete anos de idade começavam a aprender com os pais a usar as mãos e a mente em sua profissão tradicional. Quando eles chegavam aos catorze anos de idade, já eram artesãos, trabalhadores... e se casavam e tinham responsabilidades. Quando eles tinham vinte ou vinte e quatro anos de idade, tinham seus próprios filhos. Dessa maneira, nunca havia um abismo entre as gerações. Cada geração se sobrepunha à outra.

Pela primeira vez na história da humanidade apareceu o abismo entre as gerações. Ele é de uma importância imensa. Pela primeira vez, até a idade de vinte e cinco ou vinte e seis anos de idade, quando a pessoa sai da universidade, ela não tem nenhuma responsabilidade, nenhum filho, nenhuma preocupação, e tem o mundo inteiro diante de si para sonhar. Como melhorá-lo, como deixá-lo mais rico, como criar uma raça de gênios. Estes são os anos, entre catorze e vinte e quatro, em que a pessoa é uma sonhadora, pois a sexualidade está amadurecendo e, com ela, os sonhos amadurecem. A sexualidade do jovem é reprimida pelas escolas e colégios, então toda a sua energia fica disponível para sonhar. Ele se torna um comunista, um socialista ou um membro dessa ou daquela sociedade. E essa é a época em que ele começa a se sentir frustrado com as maneiras como o mundo funciona. A burocracia, o governo, os políticos, a sociedade, a religião... não parece que ele será capaz de tornar seus sonhos uma realidade. Ele chega em casa da universidade cheio de idéias, e cada idéia será esmagada pela sociedade. Logo ele se esquece do novo ser humano e da nova era, pois nem mesmo pode encontrar emprego, nem mesmo pode se sustentar. Como ele pode pensar em uma sociedade sem classes, onde não haverá rico nem pobre?

É nesse momento que ele se volta para as drogas. Elas lhe dão um alívio temporário, mas logo ele perceberá que terá de aumentar a dose. E, como elas são agora, são destrutivas para o corpo e para o cérebro; logo a pessoa ficará absolutamente sem esperanças. Ela não pode viver sem as drogas, e com elas não há espaço na vida para ela.

Mas não digo que os jovens são responsáveis por isso, e puni-los e prendê-los é uma completa estupidez. Eles não são criminosos, mas vítimas.

Minha idéia é que a educação deveria ser dividida em duas partes: uma intelectual e uma prática. Desde o começo a criança entra na escola não apenas para aprender o que existe, mas também para aprender a criar algo, alguma arte, alguma habilidade. Metade do tempo deveria ser dada às suas atividades intelectuais, e a outra metade às necessidades

142 ALEGRIA

reais da vida, o que manterá um equilíbrio. E, quando a pessoa sair da universidade, não será utópica e não precisará ser empregada pelos outros. Ela será capaz de criar coisas por conta própria.

E para os alunos que sentem qualquer tipo de frustração, desde o começo as coisas deveriam ser mudadas. Se eles estão frustrados, talvez não estejam estudando as coisas certas, talvez o aluno queira ser carpinteiro, e pessoas estão fazendo dele um médico, ou queira ser jardineiro, e pessoas estão fazendo dele um engenheiro.

Será necessária uma grande compreensão psicológica, de tal modo que cada criança seja enviada para a direção em que ela aprenda algo. E em cada escola, em cada colégio, em cada universidade, pelo menos uma hora de meditação para todos deveria ser obrigatória, para que, sempre que alguém se sentir frustrado ou deprimido, tenha um espaço dentro de si mesmo em que possa entrar e imediatamente se livrar de toda a frustração e depressão. Ele não precisa se voltar para as drogas. A meditação é a resposta.

Mas, em vez de fazerem todas essas coisas, as pessoas no poder ficam fazendo coisas idiotas, como proibição, punição... Elas sabem que por dez mil anos as drogas foram proibidas e o sucesso não foi obtido. Se o álcool for proibido, mais pessoas se tornarão alcoólatras, e um tipo perigoso de álcool estará disponível. Milhares de pessoas morreriam de envenenamento, e quem seria responsável?

Jovens estão sendo punidos com anos de prisão sem nem mesmo haver o entendimento de que, se uma pessoa toma uma droga ou se vicia na droga, ela precisa de tratamento e não de punição. Ela deveria ser enviada a um lugar em que cuidados possam ser dados a ela, onde possa aprender meditação e, lentamente, possa ser afastada das drogas e direcionada a algo melhor.

Em vez disso, ela é forçada a entrar em prisões, permanecendo presa durante anos! As pessoas absolutamente não valorizam a vida humana. Se um jovem de vinte anos de idade for preso por dez anos, será desperdiçado seu tempo mais precioso, e sem qualquer benefício, porque

Entendendo as raízes da infelicidade

na prisão qualquer droga está mais facilmente disponível do que em qualquer outro lugar. Os prisioneiros são usuários de drogas altamente habilidosos e se tornam mestres dos amadores. Após dez anos, a pessoa sairá perfeitamente treinada. As prisões ensinam: qualquer coisa que você faça não está errada, a menos que você seja pego; apenas não seja pego. E há mestres que podem ensinar como não ser pego de novo. Assim, toda essa coisa é absolutamente absurda.

Também sou contrário às drogas, mas de uma maneira totalmente diferente. Acho que você pode entender o ponto.

Como podemos ficar tão preocupados com a própria felicidade enquanto a humanidade enfrenta tantos problemas? Fome, pobreza, condições miseráveis de vida, tão poucas oportunidades para a maioria das pessoas desenvolver suas habilidades e talentos...

Na verdade, antes de você abandonar seus próprios problemas, não poderá ter a correta perspectiva para entender os problemas do mundo. Sua própria casa está em tal confusão, seu próprio ser interior está em tal confusão... Como você pode ter uma perspectiva para entender grandes problemas? Você nem mesmo entendeu a si mesmo; comece daí, porque qualquer outro começo será um começo equivocado.

Pessoas em um estado mental imensamente confuso começam a ajudar os outros e começam a propor soluções, mas essas mesmas pessoas criam mais problemas no mundo do que resolvem. Estes são os reais fomentadores de discórdias: os políticos, os economistas, os pretensos benfeitores, os missionários. Esses são os reais fomentadores de discórdias, pois ainda não solucionaram sua própria consciência interior e estão prontos a saltar sobre qualquer um e resolver o seu problema. Na verdade, dessa maneira eles estão evitando sua própria realidade; eles não querem encará-la e querem permanecer envolvidos em algum outro lugar com alguma outra pessoa. Isso lhes dá algo a fazer; trata-se de uma boa distração.

ALEGRIA

Lembre-se: *você* é o problema do mundo. *Você* é o problema, e a menos que *você* se resolva, tudo o que você fizer tornará as coisas mais complicadas. Primeiro coloque sua própria casa em ordem, crie um cosmos lá; ela está um caos.

Há uma antiga parábola indiana, uma história muito antiga, mas de grande importância.

> Um rei poderoso, porém tolo, queixava-se de que o chão áspero machucava seus pés, o que o fez ordenar que todo o reinado fosse coberto com couro de vaca para proteger os seus pés. Mas o bobo da corte riu da idéia; ele era um sábio e afirmou: "A idéia do rei é simplesmente ridícula!"
>
> O rei ficou com muita raiva e disse ao bobo da corte: "Mostre-me uma alternativa melhor, senão será morto."
>
> O bobo disse: "Majestade, corte um pequeno pedaço de couro para cobrir os seus pés." E foi assim que surgiram os sapatos.

Não há necessidade de cobrir o terra inteira com couro de vaca; simplesmente ao cobrir os próprios pés a terra inteira será coberta. Esse é o começo da sabedoria.

Sim, existem problemas, concordo. Existem enormes problemas. A vida é um tal inferno... A aflição existe, a pobreza existe, a violência existe, todos os tipos de loucura existem por aí, isso é verdade, mas, ainda assim, insisto que os problemas surgem na alma individual. O problema existe porque os indivíduos estão em um caos. O caos global nada mais é do que um fenômeno combinado: todos nós despejamos nosso caos nele.

O mundo nada mais é do que um relacionamento; estamos nos relacionando uns com os outros. Sou neurótico, você é neurótico, então o relacionamento fica muito, muito neurótico, multiplicado, e não apenas dobrado. E todos *são* neuróticos, daí o mundo ser neurótico. Adolf Hitler não nasceu do nada; nós o criamos. A guerra não vem do nada; nós a criamos. Ela é o nosso pus que sai, é nosso caos que ecoa.

Entendendo as raízes da infelicidade

O começo precisa ser com você mesmo: você é o problema do mundo. Assim, não evite a realidade de seu mundo interior; esse é o primeiro ponto.

Como você está agora, não pode perceber a raiz de um problema, mas apenas o sintoma. Primeiro descubra dentro de você onde está a raiz e tente arduamente mudar essa raiz. A pobreza não é a raiz, a ganância é a raiz, e a pobreza é o resultado. Você fica brigando contra a pobreza, mas nada acontecerá. A ganância é a raiz e precisa ser desenraizada. A guerra não é o problema, a agressividade individual é o problema; a guerra é apenas a somatória da agressão individual. Você faz marchas de protesto, mas a guerra não será interrompida. Há algumas pessoas que gostam da farra; pode-se encontrá-las em todas as marchas de protesto.

Na infância, eu costumava gostar muito delas. Eu ia a todas as passeatas, e mesmo os mais velhos de minha cidade começaram a ficar preocupados. Eles disseram: "Você está em todos os lugares, seja uma passeata comunista, socialista ou anticomunista... você está lá." Eu disse: "Gosto da farra. Não estou preocupado com a filosofia política; gritar é uma grande diversão; gosto do exercício." Você pode gostar, não faz muita diferença, mas a guerra continuará. E, se você observar esses protestos, perceberá que os participantes são muito agressivos; você não verá faces pacíficas, eles estão prontos para brigar. Marchas pela paz podem a qualquer momento se transformar em um motim. Essas são pessoas agressivas, e em nome da paz estão mostrando sua agressividade. Elas estão prontas para lutar; se tivessem poder, se tivessem a bomba atômica, explodiriam a bomba para criar a paz. É isto que todos os políticos dizem: "Estamos lutando para que a paz possa prevalecer."

O problema não é a guerra, e as marchas de protesto não irão ajudar. O problema é a agressão interior nos indivíduos. As pessoas não estão à vontade consigo mesmas, daí precisar haver a guerra; do contrário, essas pessoas enlouquecerão. A cada década uma grande guerra é necessária para descarregar a humanidade de sua neurose. Você poderá ficar surpreso ao saber que na Primeira Guerra Mundial os psicólogos se deram conta de um estranho fenômeno. Enquanto a guerra continuava, a proporção de pessoas que enlouqueciam caía praticamente a zero, e suicídios não eram cometidos, assassinatos não eram praticados... Isso era estranho; o que isso tem a ver com a guerra? Talvez assassinatos não fossem praticados porque os assassinos foram para o exército, mas o que aconteceu com os suicidas? Talvez eles também tenham se juntado ao exército, mas então o que aconteceu com as pessoas que enlouqueciam? Elas pararam de enlouquecer? E novamente na Segunda Guerra Mundial a mesma coisa aconteceu em uma proporção maior, e então a ligação foi estabelecida, a associação.

A humanidade fica acumulando uma certa quantidade de neurose, de loucura, e a cada década ela precisa ser jogada fora. Quando acontece uma guerra, e guerra significa a humanidade enlouquecer como um todo, então não há necessidade de ficar louco de uma maneira particular. Para quê? Todos estão loucos, então não faz sentido tentar ficar louco de uma maneira particular. Quando uma nação está assassinando uma outra e há tantos suicídios e assassinatos, qual é o sentido de fazer essas coisas por conta própria? A pessoa pode simplesmente assistir à televisão e curtir, pode ler nos jornais e ficar empolgada.

O problema não é a guerra, mas a neurose individual.

Mude a raiz, e uma transformação radical é necessária, e reformas comuns não servirão para nada. Mas então você pode não entender; fico falando de meditação, mas você não consegue perceber a relação, como a meditação está relacionada com a guerra. Eu percebo a relação, mas você não percebe.

Meu entendimento é este: se mesmo um por cento da humanidade passar a meditar, as guerras desaparecerão. E não há outra maneira. Essa quantidade de energia meditativa precisa ser liberada. Se uma em cada cem pessoas da humanidade passar a meditar, as coisas terão um arranjo totalmente diferente. A ganância será menor, e naturalmente a pobreza será menor. A pobreza não existe porque as coisas são escassas,

Entendendo as raízes da infelicidade 147

mas porque as pessoas estão armazenando, porque as pessoas são ganan-
ciosas. Se vivermos no agora, haverá o suficiente; a terra tem o suficiente para nos dar, mas planejamos para adiante, armazenamos, e então surge o problema.

Pense nos pássaros armazenando... então alguns pássaros ficarão ricos e outros pobres; então os pássaros americanos ficarão mais ricos e o
mundo inteiro sofrerá. Mas eles não armazenam, então não há pobreza. Você já viu um pássaro pobre? Os animais nas florestas... nenhum é
pobre, nenhum é rico. Na verdade, nem mesmo são vistos pássaros gor-
dos, fracos ou magros. Todas as gralhas são praticamente iguais; não se
pode reconhecer qual é qual. Por quê? Elas desfrutam e não armazenam.

Mesmo ficar gordo significa que você está armazenando dentro de
seu corpo; essa é uma mente avarenta. Os avarentos ficam constipados,
pois nem mesmo podem jogar fora os detritos. Eles armazenam, con-
trolam até mesmo a defecação, ficam armazenando até mesmo lixo. Ar-
mazenar é um hábito para eles.

Viva no momento, viva no presente, viva amorosamente, viva em
amizade, cuide... e então o mundo será totalmente diferente. O indivíduo precisa mudar, pois o mundo nada mais é do que um fenômeno
projetado da alma individual.

Então ele se interessará pelos problemas do mundo, mas seu interesse será de uma dimensão diferente, e você nem mesmo poderá ser capaz de compreendê-lo. Pessoas vêm a mim e dizem: "O que você está
fazendo? Há pobreza e maldade, e você fica ensinando meditação. Pare
com isso, faça algo contra a pobreza." Mas nada pode ser feito diretamente contra a pobreza. A energia meditativa precisa ser liberada, de
modo que as pessoas possam desfrutar o momento, e então não haverá
pobreza. O comunismo não destruirá a pobreza; ele não a destruiu em
lugar nenhum, mas criou novos tipos de pobreza, maiores e mais peri-
gosos. O comunista é muito mais pobre porque também perdeu a alma. Agora ele realmente não é um indivíduo, pois nem mesmo tem a
liberdade de rezar e de meditar.

Isso não irá ajudar e está destruindo as pessoas. Esses são os benfeitores; evite-os.

E quando uma pessoa começa a meditar, ela começa a florescer. Se ela for uma pintora, será uma grande pintora; se for uma poeta, então, de repente, uma grandiosa poesia surgirá de sua alma; se for uma cantora, pela primeira vez cantará uma canção que está próxima do desejo de seu coração.

Quando você está silencioso, enraizado em seu ser e centrado, seus talentos automaticamente começam a se ativar. Você começa a viver da maneira que a existência sempre quis que você vivesse, começa a viver da maneira que nasceu para viver, começa a viver da maneira que seu destino deseja que você viva. Você fica espontâneo, começa a fazer a sua coisa e agora não se importa se ela é bem remunerada ou não, se ela o torna mais respeitável ou não. Ela o deixa feliz, e isso é suficiente; ela o deixa imensamente alegre, e isso é mais do que suficiente.

Mas há pessoas que gostam de dar muitos rodeios: elas querem primeiro mudar o mundo inteiro e, depois, voltarão a si mesmas. Mas deixe-me dizer-lhe: você nunca conseguirá voltar a si mesmo se for tão longe.

Ouvi... Um velho estava perto de Nova Délhi, e um jovem que estava dirigindo na estrada parou o carro e perguntou ao velho: "Délhi está muito longe?" O velho respondeu: "Se você for no sentido que está indo, ela está muito, muito longe. Você terá de viajar por toda a terra, porque você deixou Nova Délhi para trás há dois quilômetros."

Se você fizer a volta, então não estará muito longe... apenas uma questão de minutos. Se você insistir na jornada de mudar o mundo inteiro e achar que *depois* mudará a si mesmo, nunca conseguirá fazer isso, nunca conseguirá voltar para casa.

Comece onde você está. Você é parte deste mundo miserável, e ao mudar a si mesmo estará mudando o mundo. O que você é? Uma parte deste mundo miserável. Por que tentar mudar o vizinho? Ele pode

Entendendo as raízes da infelicidade

não gostar, pode não querer, pode não estar interessado. Se você ficou ciente de que o mundo necessita de uma grande mudança, então você é o mundo mais próximo de si mesmo. Comece daí.

Por que estou sempre fantasiando sobre o futuro?

Todos estão fazendo isso. A mente humana como tal é a faculdade de fantasiar. A menos que você vá além da mente, continuará a fantasiar. A mente não pode existir no presente; ela pode existir ou no passado ou no futuro. Para a mente, não há como existir no presente. Estar no presente é estar sem a mente.

Tente isto. Se houver um momento silencioso em que nenhum pensamento esteja atravessando o seu ser, a sua consciência, quando a tela da consciência estiver absolutamente desanuviada, então, subitamente, você estará no presente. Este é o momento, o momento real, o momento da realidade, o momento da verdade. Mas então não há nenhum passado e nenhum futuro.

Normalmente o tempo é dividido nestas três partes: passado, presente e futuro. A divisão está basicamente errada, não é científica, porque o presente não é parte do tempo. Apenas o passado e o futuro são partes do tempo. O presente está além do tempo, ele é a eternidade.

O passado e o futuro são parte do tempo. O passado é aquilo que já não existe, e o futuro é aquilo que ainda não existe. Ambos são não-existenciais. O presente é aquilo que é. O existencial não pode ser parte do não-existencial, eles nunca se encontram, nunca cruzam o caminho um do outro.

E o tempo é a mente; sua mente é o passado acumulado.

O que é sua mente? Analise-a, investigue-a. O que ela é? Apenas as suas experiências passadas empilhadas, acumuladas. Sua mente é apenas um reservatório; ela simplesmente segura todo o seu passado, e nada mais. Se aos poucos você tirar o seu passado do saco, o saco desaparecerá.

ALEGRIA

Se o passado for a única realidade para a mente, então o que a mente poderá fazer? Uma possibilidade é que ela poderá ficar ruminando repetidamente o passado. É isso que você chama de memória, de lembrança, de nostalgia. Você repetidamente vai para trás, repetidamente volta aos momentos passados, belos momentos, felizes momentos. Eles são muito raros, mas você se apega a eles e evita os momentos desagradáveis, os momentos infelizes.

Mas você não pode fazer isso o tempo todo, pois isso é inútil; a atividade parece não ter sentido. Então a mente cria uma atividade "significativa": fantasiar sobre o futuro.

A mente diz: "Sim, o passado foi bom, mas ele acabou, nada pode ser feito com ele. Algo pode ser feito com o futuro, porque ele ainda está por vir." Assim, a partir de suas experiências passadas, você escolhe aquelas que gostaria que se repetissem e deixa de lado as experiências que foram muito infelizes, dolorosas e que não quer repetir no futuro. Sua fantasia do futuro nada mais é do que o passado modificado, melhor arranjado, mais decorado, mais aprazível, menos doloroso, mais prazeroso. Sua mente fica fazendo isso, e dessa maneira você continua perdendo a realidade.

Meditação simplesmente significa alguns momentos em que você não está na mente, alguns momentos em que você escorrega para fora da mente e entra na realidade, naquilo que é. Esses momentos existenciais são tão imensamente extasiantes que, uma vez saboreados, você deixa de fantasiar.

O fantasiar continuará, a menos que você comece a saborear a meditação. A menos que você seja nutrido pela meditação, continuará a passar fome e a desejar ardentemente alguma comida no futuro. E você sabe que o futuro não irá trazê-la, porque hoje foi o futuro do dia anterior... Ontem, o futuro era hoje, e você estava fantasiando sobre ele, e agora ele está aqui. O que está acontecendo? Você está feliz? Ontem também foi o futuro de algum dia anterior. Em determinado período, o passado foi

Entendendo as raízes da infelicidade

parte do futuro, mas ele passou despercebido, e o futuro também passará despercebido. Você está se enganando em suas fantasias.

Fique um pouco mais atento e tente trazer sua consciência cada vez mais para os fatos da existência. Perceba *esta* flor, e não pense *naquela* flor; escute *esta* palavra que estou pronunciando, e não *aquela* palavra que irei pronunciar. Olhe exatamente agora. Se você adiar mesmo que por um momento, perderá, e então isso se tornará um hábito, um hábito muito arraigado. Amanhã você também perderá, e também depois de amanhã, porque você permanecerá o mesmo. E não apenas isso... seu hábito de fantasiar ficará ainda mais forte.

Numa outra noite eu estava lendo uma bela história japonesa. Tais histórias existem em todos os contos populares do mundo. Trata-se de uma bela história. Preste atenção.

Havia um homem que cortava pedras das rochas. Seu trabalho era muito pesado e ele trabalhava muito, mas seu salário era pequeno e ele não estava satisfeito.

Quem está satisfeito? Nem mesmo imperadores estão satisfeitos, então o que dizer de um cortador de pedras? Seu trabalho era certamente pesado, e o pagamento era insignificante.

Ele reclamou por seu trabalho ser pesado e disse: "Quisera ser rico para que pudesse descansar em um sofá coberto com tecido de seda." E um anjo veio do céu e afirmou: "Você é o que você disse."

E isso realmente acontece, não apenas em parábolas e histórias, mas na vida real. Tudo o que você pensa sobre si mesmo começa a acontecer. Você cria seu mundo pelo seu pensamento, cria seu mundo pelo seu desejo. Tudo o que você insiste em pensar começa a acontecer. A realidade coopera com você; ela espera o momento, o dia em que *você* coopera com *ela*. Ela coopera com você.

E o anjo disse: "Você é o que você disse." E ele ficou rico, descansou em um sofá, e o tecido era de seda.

O rei daquelas terras estava passando com cavaleiros à frente e atrás de sua carruagem, e um guarda-sol de ouro era mantido sobre a cabeça do rei. Quando o rico viu aquilo, ficou aborrecido porque nenhum guarda-sol de ouro era mantido sobre sua própria cabeça, e ficou insatisfeito. Ele reclamou e se lamentou: "Gostaria de ser rei." E o anjo veio de novo e afirmou: "Você é o que você disse."

Então ele se tornou rei, e muitos cavaleiros cavalgavam à frente e atrás de sua carruagem, e um guarda-sol de ouro era mantido sobre a sua cabeça, e o sol ardia forte e ressecava a terra e a grama secava. E o rei se queixou de que o sol esquentava a sua face e que o excedia em poder, deixando-o insatisfeito. Ele reclamou e se lamentou: "Gostaria de ser o sol." E o anjo veio e afirmou: "Você é o que você disse." E ele se tornou o sol e direcionava seus raios para cima e para baixo, para a direita e para a esquerda, para todos os lugares, e chamuscou a grama na terra e as faces dos reis que estavam sobre a terra.

Então uma nuvem se posicionou entre ele e a terra, e os raios do sol voltaram para ele, e ele ficou furioso por haver resistência a seu poder. Ele se queixou, dizendo que a nuvem o excedia em poder e que ele não estava satisfeito. Ele desejou ser uma nuvem, que era tão poderosa, e o anjo veio e afirmou: "Você é o que você disse."

E ele se tornou uma nuvem e se posicionou entre o sol e a terra, interceptando os raios para que a grama crescesse verde. A nuvem derramou grandes gotas sobre a terra, fazendo com que rios transbordassem, carregassem casas e destruíssem os campos com tanta inundação. A água caiu sobre uma rocha que não sucumbia, e caía em grande quantidade, mas a rocha não sucumbia, e a nuvem ficou furiosa pelo fato da rocha não sucumbir a seu poder, sentindo muita insatisfação.

Ela gritou: "Foi dado poder à rocha que excede o meu. Gostaria de ser uma rocha." E o anjo veio, e a nuvem se transformou em uma rocha, permanecendo inalterada quando o sol ardia e quando chovia.

E então havia um homem com uma picareta, uma talhadeira e um pesado martelo, e ele cortava pedras da rocha, e a rocha disse: "Como pode ser que este homem tenha poder que excede o meu e que tira lascas das minhas laterais?" E ela ficou insatisfeita.

Ela gritou: "Sou mais fraca do que ele. Gostaria de ser este homem." E o anjo veio do céu e afirmou: "Você é o que você disse." E de novo ele era um cortador de pedras. Era um trabalho muito pesado, ele cortava pedras a partir da rocha e trabalhava muito por um pequeno salário, e ele estava satisfeito.

Não concordo com a conclusão. Essa é minha única discordância com a história; fora isso, trata-se de uma bela história. Não concordo com a conclusão porque conheço as pessoas; elas não podem ficar tão facilmente satisfeitas. A roda está completa, a história chegou a um fim natural, mas as histórias reais da vida não chegam a um final natural. A roda novamente começa a girar.

É por isso que na Índia chamamos a vida de "a roda". Ela segue girando, segue se repetindo. No que posso perceber, a menos que o cortador de pedras se torne um buda, a história seria repetida mais uma vez. De novo ele ficaria descontente e desejaria um belo sofá com tecido de seda, e as mesmas coisas começariam a acontecer. Mas, se esse cortador de pedras está realmente satisfeito, então deve ter saltado para fora da roda da vida e da morte, deve ter se tornado um buda.

É isto que fica acontecendo em cada mente: você deseja algo, ele acontece, mas, quando acontece, você percebe que ainda está insatisfeito. Agora uma outra coisa está criando a infelicidade.

Isto é algo a ser entendido: se o seu desejo não for satisfeito, você fica frustrado, e, se ele for satisfeito, então você também fica frustrado. Esta é a infelicidade do desejo: realizado, você não fica satisfeito, e subitamente muitas coisas novas surgem.

Você nunca pensou que o sol pudesse ser tão quente a ponto de queimar a sua face, mesmo você sendo rei e cavaleiros estarem à frente e atrás de você e um guarda-sol de ouro estar sobre sua cabeça. Você nunca pensou sobre isso. Depois você sonhou em ser o sol, e se tornou o sol, mas nunca pensou sobre as nuvens, e agora a nuvem está provando que você é impotente. E isso segue em frente sem parar, como ondas no oceano, sem fim... a menos que você entenda e simplesmente salte para fora da roda.

A mente fica a lhe dizer: "Faça isso, seja aquilo, possua isso, possua aquilo... senão, como poderá ser feliz? Você precisa ter um palácio, então poderá ser feliz." Se a sua felicidade tiver uma condição, você permanecerá infeliz. Se você não puder ser feliz assim como você é, como um cortador de pedras... Sei que o trabalho é pesado, que o pagamento é pequeno, que a vida é uma batalha, sei disso tudo, mas, se você não conseguir ser feliz assim como você é, apesar de tudo, jamais será feliz. A menos que uma pessoa seja feliz, simplesmente feliz sem absolutamente nenhuma razão, a menos que uma pessoa seja maluca o suficiente para ser feliz sem qualquer razão, essa pessoa jamais será feliz. Ela sempre encontrará algo destruindo a sua felicidade, sempre encontrará algo faltando, algo ausente. E esse "faltando" novamente se tornará a sua fantasia.

E você não pode atingir um estado em que tudo, tudo esteja disponível. Mesmo se isso fosse possível, então também você não seria feliz. Observe o mecanismo da mente: se tudo estivesse disponível como você queria, subitamente você se sentiria entediado. Agora, o que fazer?

Ouvi dizer que as pessoas que chegaram ao paraíso estão entediadas, e acho que essa informação é confiável, ela veio de fontes muito confiáveis, você pode acreditar. Essas pessoas estão sentadas sob suas árvores realizadoras de desejos e estão entediadas, pois no momento em que dizem alguma coisa, o anjo aparece e imediatamente satisfaz o desejo delas. Não há intervalo entre seus desejos e a realização desses mesmos desejos. Elas querem uma bela mulher, uma Cleópatra, e lá está ela. Ora, o que fazer com tal Cleópatra? Isso não tem sentido, e as pessoas ficam entediadas.

Nos *Puranas* indianos há muitas histórias dos *devas* que ficaram entediados no paraíso e que começaram a desejar vir para a terra. Eles tinham tudo lá e, quando estavam na terra, desejavam o paraíso. Para obter o paraíso eles podem ter sido grandes ascetas, podem ter renun-

Entendendo as raízes da infelicidade

ciado ao mundo, aos relacionamentos, a tudo, mas agora chegaram ao paraíso e estão desejando o mundo.

Ouvi:

> O piloto de um avião estava sobrevoando uma região e apontou um lindo vale para o co-piloto. "Vê aquele lugar?", ele perguntou. "Quando eu era criança de pés descalços, costumava sentar em um barco ali e pescar, e toda vez que um avião passava, eu olhava para cima e fantasiava que o estava pilotando. Agora olho para baixo e fantasio que estou pescando."

É assim que as coisas são e sempre serão. Quando você não é famoso, quer ser famoso. Você se sente muito magoado pelo fato de não ser conhecido pelas pessoas; você passa pelas ruas e ninguém lhe presta atenção, ninguém o reconhece; você se sente uma não-entidade. Então você trabalha duro para ficar famoso e, um dia, fica famoso, mas agora não pode caminhar na rua, agora a multidão fica olhando... Você perde toda a liberdade e precisa ficar trancado em casa, sem poder sair e fica aprisionado. Agora você fica pensando sobre os belos dias em que costumava caminhar pelas ruas e era tão livre... como se estivesse sozinho. Agora você deseja ardentemente aqueles dias. Pergunte às pessoas famosas.

Todos os famosos nem sempre o foram... Voltaire escreveu em suas memórias que quando não era famoso desejou ser famoso, trabalhou duro para isso e se tornou um dos homens mais célebres da França. Sua fama aumentou tanto que ficou perigoso sair de seu quarto, porque naqueles dias supersticiosos as pessoas costumavam achar que se conseguissem obter um pedaço das roupas de um grande homem, aquele pedaço se tornaria uma proteção, tendo um enorme valor por proteger a pessoa contra fantasmas, contra acidentes graves e coisas assim.

Dessa maneira, se ele precisasse pegar um trem, ia sob proteção policial; do contrário, as pessoas rasgariam as suas roupas. E não apenas isso, sua pele seria ferida e ele voltaria para casa contundido e sangrando. Ele ficou muito saturado de sua fama, pois nem podia sair de casa; pessoas estavam sempre ali, como lobos prontos a saltar sobre ele. Assim, ele começou a rezar a Deus: "Acabou! Conheci a fama e não a quero mais. Tornei-me praticamente um homem morto." E então aconteceu, o anjo veio, deve ter vindo, e disse: "Tudo bem." E, aos poucos, sua fama foi acabando.

As opiniões das pessoas mudam muito facilmente; elas não têm nenhuma integridade. Como a moda, as coisas mudam. Um dia você está no topo de sua fama, e no dia seguinte as pessoas se esquecem completamente de você. Um dia você é o presidente, e no dia seguinte é apenas o cidadão Richard Nixon, e ninguém se importa com você.

Aconteceu de a mente das pessoas mudar, de a opinião mudar, de o clima mudar, e as pessoas se esqueceram completamente de Voltaire. Ele ia à estação de trem e esperava que pelo menos alguém, pelo menos uma pessoa estaria esperando ali para recebê-lo. Ninguém vinha recebê-lo, apenas o seu cachorro.

Quando ele morreu, havia apenas quatro indivíduos dando-lhe adeus, três eram homens e o quarto era o seu cachorro. Ele deve ter morrido na miséria, novamente desejando a fama. O que fazer? É assim que as coisas seguem em frente.

A mente nunca permitirá que você seja feliz. Seja qual for a condição, a mente sempre encontrará algo sobre o qual ficar infeliz. Deixeme dizer desta maneira: a mente é um mecanismo de criar infelicidade. Toda a sua função é a de criar infelicidade.

Se você abandonar a mente, subitamente ficará feliz, e sem nenhuma razão. Então a felicidade será natural, como a respiração. Para respirar, você nem precisa estar consciente e simplesmente segue respirando. Consciente, inconsciente, desperto, dormindo, você segue respirando. A felicidade é exatamente assim.

A felicidade é sua natureza mais íntima, não precisa de nenhuma condição externa e simplesmente está ali; ela é você. O estado de plenitude é seu estado natural, e não uma aquisição. Se você simplesmente sair do mecanismo da mente, começará a se sentir pleno.

Entendendo as raízes da infelicidade

É por isso que você perceberá que os loucos são mais felizes do que as chamadas pessoas sãs. O que acontece com os loucos? Eles também saem da mente; é claro que de uma maneira errada, mas saem da mente. Um louco é aquele que caiu abaixo da mente; ele está fora da mente. É por isso que você pode perceber que muitos loucos são tão felizes a ponto de você praticamente sentir inveja. Você pode até fantasiar: "Quando essa bênção me acontecerá?" O louco está condenado, mas é feliz.

O que aconteceu com o louco? Ele não está mais pensando no passado nem no futuro; ele saiu do tempo e começou a viver na eternidade.

Acontece a mesma coisa com o místico, pois ele se posiciona acima da mente. Não estou lhe dizendo para ficar louco, mas estou dizendo que há uma semelhança entre o louco e o místico. É por isso que todos os grandes místicos parecem um pouco loucos, e que todos os grandes loucos parecem um pouco místicos.

Observe os olhos de um louco e achará seus olhos muito místicos... um brilho, um brilho do outro mundo, como se ele tivesse alguma porta interior a partir da qual atingisse o próprio âmago da vida. Ele está relaxado... Ele pode não ter nada, mas está simplesmente feliz. Ele não tem nenhum desejo, nenhuma ambição, não está indo a lugar algum. Ele está simplesmente ali... desfrutando, deleitando-se.

Sim, os loucos e os místicos têm algo semelhante. Essa semelhança é porque ambos estão fora da mente. O louco caiu abaixo dela, e o místico foi além dela. O místico também é louco com um método; sua loucura tem método. O louco simplesmente caiu...

Não estou dizendo para você ficar louco; estou dizendo para se tornar um místico. O místico é tão feliz quanto o louco e tão saudável quanto o saudável. O místico é muito sensato, até mais sensato do que as chamadas pessoas racionais e, ainda assim, muito feliz, como o louco. O místico tem a síntese mais bela; ele está em harmonia, tendo tudo o que uma pessoa sensata tem. Ele tem ambos, é completo, é inteiro.

Você pergunta: "Por que estou sempre fantasiando sobre o futuro?" Você está fantasiando sobre o futuro porque não saboreou o presente. Comece a saborear o presente, encontre alguns momentos em que esteja simplesmente em deleite. Ao olhar para as árvores, seja apenas o olhar; ao escutar os pássaros, seja todo ouvidos e, então, deixe que eles alcancem sua essência mais profunda, deixe que suas canções se espalhem por todo o seu ser; ao sentar-se na praia, escute o rugido selvagem das ondas, torne-se integrado a elas... pois o rugido selvagem das ondas não tem passado nem futuro. Se você puder se sintonizar com ele, também se tornará um rugido selvagem. Abrace uma árvore e relaxe nisso; sinta seu verdor penetrar em seu ser. Deite-se na areia, esqueça-se do mundo, comungue com a areia, com o seu frescor, sinta esse frescor impregnando-o. Vá a um rio, nade e deixe que o rio nade dentro de você; mergulhe na água e se torne o mergulho. Faça o que você sentir vontade e desfrute isso totalmente. Naqueles poucos momentos, o passado e o futuro desaparecerão e você estará no aqui e agora.

O evangelho não está na Bíblia. O evangelho está no rio, no rugido selvagem do oceano e no silêncio das estrelas. As boas-novas estão escritas por toda a parte; todo o universo é uma mensagem. Decodifique-a, aprenda sua linguagem, e sua linguagem é aquela do aqui e agora.

A linguagem que você usa é a do passado e a do futuro. Assim, se você continuar a falar a língua da mente, nunca ficará sintonizado e em harmonia com a existência. E, se essa harmonia não for saboreada, como você poderá deixar de fantasiar? Porque sua vida é isso.

É como se um pobre estivesse carregando um saco com pedras comuns achando que são grandes diamantes, rubis e esmeraldas e, se você lhe disser: "Abandone isso; você é um tolo, pois essas são apenas pedras comuns", ele não poderá acreditar em você e achará que você o está tapeando. Ele se apegará ao saco, pois o saco é tudo o que ele tem.

Eu não diria para esse homem abandonar o saco, mas tentaria lhe mostrar rubis, esmeraldas e diamantes reais. Apenas um vislumbre deles, e ele jogará fora o saco. Ele nem renunciará a ele, pois não há nada a renunciar; trata-se apenas de pedras comuns, e ninguém renuncia a pedras comuns. Ele simplesmente ficará ciente de que estava viven-

Entendendo as raízes da infelicidade

do sob uma ilusão, mas agora há diamantes reais, e repentinamente suas pedras caem por terra, desaparecem, e ele imediatamente esvaziará o saco sem você precisar lhe dizer para fazer isso, porque agora ele tem outra coisa para colocar no saco. Ele abandonará as pedras porque precisará de espaço.

Dessa maneira, não lhe digo para abandonar o pensar sobre o futuro, para abandonar o pensar sobre o passado. Em vez disso, gostaria de lhe dizer para fazer mais contato com o presente.

VIVA EM ALEGRIA

Viva em alegria, em amor, mesmo entre aqueles que odeiam.
Viva em alegria, em saúde, mesmo entre os aflitos.
Viva em alegria, em paz, mesmo entre os perturbados.
Viva em alegria, sem posses, como os notáveis.
O vencedor semeia o ódio porque o perdedor sofre.
Esqueça-se do ganhar e do perder e encontre a alegria.

Reflita sobre esses sutras de Gautama Buda. Ele é uma das pessoas mais alegres que jamais existiram, e esses sutras lhe darão um imenso discernimento em relação ao coração desse homem desperto.

Viva em alegria, em amor, mesmo entre aqueles que odeiam.

A alegria é a palavra-chave para esses versos. Alegria não é felicidade, pois a felicidade está sempre misturada com a infelicidade. Ela nunca é encontrada pura e está sempre poluída, tendo sempre uma grande sombra de infelicidade por trás dela. Assim como o dia é seguido pela noite, a felicidade é seguida pela infelicidade.

Então, o que é a alegria? A alegria é um estado de transcendência. A pessoa nem está feliz nem está infeliz, mas completamente serena, quieta, em absoluto equilíbrio, tão silenciosa e tão viva que o seu silêncio é uma canção e a sua canção nada mais é do que o seu silêncio.

162 ALEGRIA

A alegria é para sempre; a felicidade é momentânea. A felicidade é causada pelo exterior, daí poder ser tirada do exterior; você precisa depender dos outros, e toda dependência é feia, é uma escravidão. A alegria surge de dentro e nada tem a ver com o exterior. Ela não é causada pelos outros, absolutamente não é causada, e é o fluxo espontâneo de sua própria energia.

Se sua energia estiver estagnada, não haverá alegria; se sua energia se tornar um fluxo, um movimento, um rio, haverá grande alegria, e sem nenhuma outra razão, mas apenas porque você ficou mais fluido, mais um fluxo, mais vivo. Uma canção nasce em seu coração, surge um grande êxtase.

É uma surpresa quando ela surge, pois você não pode encontrar nenhuma causa para ela. Ela é a experiência mais misteriosa da vida: algo não causado, algo além da lei de causa e efeito. Ela não precisa ser causada porque é sua natureza intrínseca; você nasceu com ela. Ela é algo inato, é você em sua totalidade, fluindo.

Sempre que você estiver fluindo, está fluindo em direção ao oceano. Esta é a alegria: a dança do rio se movendo em direção ao oceano para encontrar o amado supremo. Quando sua vida é um reservatório estagnado, você está simplesmente morrendo e não está indo a lugar nenhum; nenhum oceano, nenhuma esperança... Mas, quando você está fluindo, o oceano está mais próximo a cada momento, e quanto mais próximo chegar o rio mais dança haverá, mais êxtase haverá.

Sua consciência é um rio, e Buda a chamou de um *continuum*; ela é uma continuidade, uma continuidade eterna, um fluxo eterno. Buda nunca considerou você e o seu ser como algo estático. Em sua visão, a palavra *ser* não está correta. De acordo com ele, *ser* nada mais é do que *tornar-se*. Ele refuta o ser e aceita o tornar-se, pois ser lhe dá uma idéia estática de algo dentro de você, como uma rocha. O tornar-se lhe dá uma idéia totalmente diferente... como um rio, como um lótus se abrindo, como um alvorecer. Algo está constantemente acontecendo, você não está posicionado como uma rocha; você está crescendo.

Viva em alegria

Buda muda toda a metafísica: ele substitui o ser pelo tornar-se, substitui as coisas pelos processos, substitui os substantivos pelos verbos.

Viva em alegria... Viva em sua natureza mais íntima, com absoluta aceitação de tudo o que você é. Não tente manipular a si mesmo de acordo com as idéias dos outros. Apenas seja você mesmo, sua natureza autêntica, e fatalmente a alegria surgirá, aflorará de dentro de você. Quando cuidados são dados à árvore, quando ela é aguada e cuidada, naturalmente ela floresce um dia; quando a primavera vem, há um grande florescimento. Assim é com o ser humano. Cuide de si mesmo, encontre um solo adequado para o seu ser, encontre um clima certo e penetre cada vez mais fundo em você mesmo.

Não cultive o mundo, cultive sua natureza, pois, ao cultivar o mundo, você poderá ter muitas posses, mas não será um mestre. E, ao cultivar a si mesmo, poderá não ter muitas posses, mas será um mestre. É melhor ser mestre de si mesmo do que ser mestre de todo mundo.

Viva em alegria, em amor... E quem vive em alegria naturalmente vive em amor. O amor é a fragrância da flor da alegria. Dentro há alegria, e você não pode contê-la, ela é demasiada, é insuportável, e, se você tentar ser mesquinho em relação a ela, sentirá dor. A alegria poderá ser tanta que se você não a compartilhar ela poderá se tornar sofrimento e dor.

A alegria precisa ser compartilhada; ao compartilhá-la, você é aliviado; ao compartilhá-la, novas fontes se abrem dentro de você, novos regatos, novas nascentes. Esse compartilhar sua alegria é amor. Assim, uma coisa precisa ser lembrada: você não pode amar, a menos que tenha atingido a alegria. E milhões de pessoas insistem em fazer isto: desejam amar e nada sabem sobre o que é a alegria. Então seu amor é vazio, oco, sem sentido, traz desespero, infelicidade, angústia e cria o inferno. A menos que você tenha alegria, não poderá amar. Você nada tem a dar, você próprio é um mendigo. Primeiro você precisa ser um rei, e sua alegria o tornará um rei.

Quando você estiver irradiando alegria, quando seus segredos ocultos não forem mais segredos, mas estiverem florescendo no vento,

164 ALEGRIA

na chuva, no sol... quando seu esplendor aprisionado for liberado, quando seu mistério se tornar um fenômeno aberto, quando ele estiver vibrando à sua volta, pulsando à sua volta, quando ele estiver em sua respiração, em seu palpitar do coração, então você poderá amar, você tocará a poeira e ela será transformada no divino, então tudo o que você tocar se tornará ouro. Pedrinhas comuns em sua mão serão transmutadas em diamantes, em esmeraldas. Pedrinhas comuns... as pessoas tocadas por você não serão mais comuns.

Quem atingiu a alegria se torna uma fonte de grande transformação para muitas pessoas. Sua chama foi acesa, e agora ela pode ajudar os outros. Ao se aproximar de quem se tornou chamejante de alegria, as chamas apagadas também podem se acender. Apenas ao se aproximar, a chama salta para você e você nunca será o mesmo novamente.

O amor é possível somente quando sua chama estiver acesa. Fora isso, você é um continente escuro, e você está pretendendo dar luz aos outros? Amor é luz, ódio é escuridão. Você está escuro por dentro e está tentando dar luz aos outros? Você será apenas bem-sucedido em dar-lhes mais escuridão, e eles já estão na escuridão. Você multiplicará a escuridão deles, os deixará mais atormentados. Não tente fazer isso, pois é impossível, não está de acordo com a natureza das coisas; isso não pode acontecer. Você pode esperar, mas todas as suas esperanças são em vão. Primeiro esteja preenchido com alegria.

Viva em alegria, em amor, mesmo entre aqueles que odeiam. E então não é uma questão do que os outros lhe fazem. Então a pessoa pode amar até aqueles que a odeiam, então a pessoa pode viver em amor e em alegria até entre os inimigos. Não é apenas uma questão de amar aqueles que o amam; isso é muito comum, como um negócio, uma troca. O amor verdadeiro é amar aqueles que odeiam você. No momento, mesmo amar aqueles que o amam é impossível, pois você não sabe o que é alegria. Mas, quando você conhecer a alegria, o milagre acontecerá, a magia. Então você será capaz de amar aqueles que o odeiam. Na verda-

Viva em alegria

de, não é mais uma questão de amar alguém ou de não amar alguém, porque você *se torna* amor; não sobra mais nada de você.

No Alcorão há uma afirmação: "Odeie o demônio." Uma grande mística sufi, Rabiya, cancelou essa linha do Alcorão. Hassan, um outro místico famoso, estava com Rabiya e a viu fazendo isso. Ele disse: "O que você está fazendo? O Alcorão não pode ser corrigido; isso é uma blasfêmia! Não se pode riscar nenhuma afirmação do Alcorão; ele é perfeito como ele é. Não há possibilidade de nenhum aperfeiçoamento. O que você está fazendo?"

Rabiya disse: "Hassan, preciso fazer isso! Não é uma questão do Alcorão, mas é algo totalmente diferente: desde que conheci Deus, não posso odiar. Não é uma questão do demônio; simplesmente não posso odiar. Mesmo se o demônio vier à minha frente, eu o amarei, porque agora posso apenas amar; sou incapaz de odiar, isso desapareceu de mim. Se a pessoa estiver repleta de luz, ela pode lhe dar apenas luz; não importa se você é um amigo ou um inimigo."

Rabiya disse: "De onde poderei trazer a escuridão para atirar sobre o demônio? Ela não está mais em lugar nenhum, pois sou luz. Minha luz recairá sobre o demônio tanto quanto sobre Deus. Agora, para mim, não há mais Deus ou demônio, e nem mesmo consigo fazer uma distinção entre eles. Todo o meu ser está transformado em amor, e não sobrou mais nada.

"Não estou corrigindo o Alcorão; quem sou eu para corrigi-lo? Mas essa afirmação não é mais relevante para mim. E essa é a minha cópia; não estou corrigindo o Alcorão de ninguém. Tenho o direito de colocar a minha cópia de acordo comigo mesma. Essa afirmação colide comigo sempre que me deparo com ela. Não posso extrair nada dela; por isso a estou riscando."

Quem está repleto de alegria e de amor não pode fazer nada em relação a isso. A pessoa ama amigos, ama inimigos... Não é uma questão de decisão; o amor agora é como o respirar. Você deixará de respirar se um inimigo vier lhe ver? Você dirá: "Como posso respirar em frente

166   ALEGRIA

de meu inimigo?" Você dirá: "Como posso respirar? Porque meu inimigo também está respirando, e o ar que passou pelos seus pulmões pode entrar em mim. Não posso respirar." Você se sufocará e morrerá. Isso seria suicídio, e completamente estúpido.

No caminho, chega um momento em que o amor é como o respirar; ele é a respiração de sua alma. Você segue amando.

Sob essa luz, você pode entender a afirmação de Jesus: "Ame seus inimigos como a si mesmo." Se você perguntar a Buda, ele dirá: "Não há necessidade de fazer uma coisa dessa, pois você não pode fazer diferente." Você precisa amar. Na verdade, você *é* amor; dessa maneira, não importa onde você esteja... nas flores, nos espinhos, na noite escura, no meio do dia, na infelicidade circundando-o como um oceano ou tendo grande sucesso. Você permanece amor, e tudo o mais se torna imaterial. Seu amor se torna algo do eterno, ele continua. A pessoa pode aceitá-lo ou não, mas você não pode odiar; você precisa ser sua verdadeira natureza.

Viva em alegria, em saúde, mesmo entre os aflitos.

Por "saúde" Buda quer dizer *inteireza*. Uma pessoa purificada é saudável, é inteira. Por "saúde" Buda não quer dizer a definição comum e médica do termo; seu significado não é medicinal, mas "meditacional". As palavras *meditação* e *medicina* vêm da mesma raiz; a medicina o cura fisicamente, a meditação o cura espiritualmente. Ambas são processos de cura, ambas trazem a saúde.

Mas Buda não está falando sobre a saúde do corpo; ele está falando sobre a saúde da alma. Seja total, seja inteiro, não seja fragmentado, não seja dividido; seja literalmente um indivíduo, indivisível, uma só peça.

As pessoas não são uma só peça, mas muitos fragmentos de alguma maneira se segurando. Elas podem se despedaçar a qualquer momento; são como feixes de muitas coisas. Qualquer situação nova, qualquer perigo novo, qualquer insegurança e elas podem se despedaçar. Sua mulher morre, você pede falência ou fica desempregado... qualquer coisa pequena pode ser a gota d'água. A diferença é apenas de grau; alguém entra em ebulição aos 98 graus, alguém aos 99, alguém aos 99,9,

Viva em alegria

mas a diferença é apenas de grau, e qualquer pequena coisa pode mudar o equilíbrio. Você pode ficar insano a qualquer momento, porque dentro você já é uma multidão. Tantos desejos, tantos sonhos, tantas pessoas estão vivendo dentro de você. Se você observar cuidadosamente, não encontrará uma pessoa dentro, mas muitas faces mudando a cada momento. É como se você fosse um mercado em que muitas pessoas circulam, onde há muito barulho e nada faz sentido. Você insiste em acumular.

Sua infância é o período mais próximo do estado búdico. À medida que você envelhece, aumenta a sua insanidade; à medida que você envelhece, fica cada vez mais distante do estado búdico. Isso é realmente muito estranho; não deveria ser assim. A pessoa deveria crescer *em direção* ao estado búdico, mas ela cresce exatamente na direção oposta.

Buda diz:

Viva em alegria, em saúde, mesmo entre os aflitos.

Esse é um sutra muito importante a ser lembrado, ainda mais porque os cristãos estão criando uma abordagem para a vida totalmente equivocada. Eles dizem: "Quando há tanta infelicidade no mundo, como você pode ser alegre?" Às vezes eles vêm a mim e dizem: "Pessoas estão passando fome e são pobres. Como você pode ensinar às pessoas a dançar, a cantar e a ser alegre? Há tantas pessoas aflitas com muitas doenças, e você ensina meditação às pessoas? Isso é egoísmo!"

Mas é exatamente isso que Buda está dizendo.

Viva em alegria, em paz, mesmo entre os perturbados.

Você não pode mudar o mundo inteiro, pois tem um tempo de vida pequeno, e logo ele irá acabar. Você não pode ter esta condição: "Festejarei apenas quando o mundo inteiro tiver mudado e todos forem felizes." Isso jamais acontecerá e também não está dentro de sua capacidade fazê-lo. Se a única maneira de você poder ser feliz é todos serem felizes, então você nunca será feliz. Buda está afirmando um simples fato e não está dizendo para você não ajudar as pessoas, mas, estando enfermo, você não poderá ajudá-las.

ALEGRIA

Ao ser pobre, você não poderá ajudar o pobre, embora o pobre o venerará por achar que você é um grande santo. Eles veneravam Mahatma Gandhi pela simples razão de ele tentar viver como pobre. Mas, ao viver como pobre, você não ajudará os pobres. Se o médico também adoecesse para ajudar seus pacientes, você o chamaria de santo? Você o chamaria de estúpido, pois esse é o momento em que ele precisa de toda a sua saúde para poder ser de ajuda às pessoas. Esta é uma lógica estranha, mas prevaleceu através dos séculos: se você quer ajudar o pobre, seja pobre, viva uma vida pobre, viva como o pobre. É claro que o pobre lhe prestará grande respeito e honra, mas isso não ajudará o pobre e apenas satisfará o seu ego. E qualquer ego satisfeito cria infelicidade para você, e não alegria.

Viva em alegria, em saúde, mesmo entre os aflitos. Viva em alegria, em paz, mesmo entre os perturbados. Essa é a única maneira de ajudar, a única maneira de servir. Primeiro seja egoísta, primeiro transforme a si mesmo. Sua vida em paz, em alegria e em saúde pode ser uma grande fonte de nutrição para pessoas que estão passando fome de alimento espiritual.

As pessoas não estão realmente famintas de coisas materiais. A riqueza material é muito simples: apenas um pouco mais de tecnologia, um pouco mais de ciência, e as pessoas podem ser ricas. O problema real é como ser interiormente rico. E quando você é exteriormente rico, ficará surpreso: pela primeira vez ficará mais acurada e intensamente consciente de sua pobreza interior. Quando você é exteriormente rico, pela primeira vez todo o significado da vida desaparece, pois, em contraste, a pobreza interior pode ser percebida mais claramente. Fora há luz à toda volta, e dentro você é uma ilha escura.

O rico sente sua pobreza interior mais do que o pobre, porque o pobre não tem contraste. Fora há escuridão, dentro há escuridão; ele sabe que a vida é escuridão. Mas, quando há luz fora, você fica desejoso de um novo fenômeno: você anseia pela luz interior. Quando você percebe que a riqueza é possível fora, por que não ser rico dentro?

Viva em alegria

Viva em alegria, sem posses, como os notáveis.

Desfrute o mundo, desfrute o sol, a lua, as estrelas, as flores, o céu, a terra, viva em alegria e paz, sem possessividade. Não possua; use, mas não possua, porque o possuidor não pode usar. O possuidor realmente se torna possuído pelas suas próprias posses. É por isso que tantas pessoas ricas ficam tão avarentas; elas vivem uma vida pobre. Elas têm todo o dinheiro do mundo, mas vivem de uma maneira pobre.

Há algumas décadas, a pessoa mais rica do mundo era o soberano de Haiderabade, na Índia. Na verdade, suas riquezas eram tantas que ninguém jamais foi capaz de estimar quanto ele tinha. Seus tesouros estavam repletos de diamantes; tudo era feito de diamante. Mesmo seu pesa-papéis era o maior diamante do mundo; o *Kohinoor* era apenas um terço do seu tamanho.

Quando ele morreu, seu pesa-papéis foi encontrado em seu sapato. Os diamantes não eram contados, pois eram demasiados; eles eram pesados, e não contados; quantos quilos, e não quantos diamantes. Quem poderia contar? A cada ano, diamantes e mais diamantes eram levados ao porão. Ele tinha o maior palácio da Índia, e diamantes eram colocados sobre o telhado de seu palácio apenas para lhe dar um pouco de brilho. Mas o homem vivia uma vida de grande avareza; você nem pode acreditar; mesmo mendigos vivem muito melhor.

Ele costumava pegar cigarros que os outros já fumaram e jogaram fora... tocos de cigarro. Ele não comprava cigarro para si, mas pegava esses tocos e os fumava. Tamanha avareza! Por cinqüenta anos ele usou um único boné, que estava imundo e fedorento! E morreu com o mesmo boné. Ele nunca trocava de roupa, e diz-se que comprava suas roupas em mercados de roupas usadas. Seus sapatos deviam ser os mais sujos do mundo, mas ele os mandava consertar só de vez em quando e não comprava sapatos novos.

Ora, a pessoa mais rica do mundo vivendo em tal miséria e avareza! O que aconteceu com esse homem? Possessividade! A possessividade era a sua doença, a sua mania; ele queria possuir tudo. Ele comprava diamantes de todo o mundo; onde havia diamantes, seu agente estava ali para comprá-los. Apenas para ter mais e mais! Porém diamantes não podem ser comidos, e ele comia os alimentos mais baratos que havia. Ele tinha tanto medo que não conseguia dormir, um medo constante de que alguém o roubasse.

É assim que o pesa-papéis, que era o seu diamante mais caro e três vezes mais pesado do que o *Kohinoor*, foi encontrado em seu sapato. Quando ele estava morrendo, escondeu-o em seu sapato para que ninguém pudesse roubá-lo; senão, o pesa-papéis ficaria muito visível, muito à vista das pessoas. Mesmo ao morrer ele estava mais preocupado com o diamante do que com a própria vida. Ele nunca pôde dar nada a alguém.

Isto acontece com as pessoas possessivas: elas não usam as coisas, mas são usadas por elas. Elas não são as donas, mas servas de suas próprias coisas. Elas ficam acumulando e morrem sem jamais ter desfrutado tudo o que tinham.

Viva em alegria, sem posses, como os notáveis.

Viva como os budas que nada possuem, mas que podem usar tudo. O mundo precisa ser usado, e não possuído. Viemos de mãos vazias e partiremos de mãos vazias; portanto, não faz sentido possuir nada. Ser possessivo é feio, mas use tudo! Enquanto você estiver vivo, use o mundo, desfrute tudo o que o mundo disponibiliza e depois vá embora sem olhar para trás, sem se apegar às coisas.

A pessoa inteligente usa a vida e a usa linda, estética e sensivelmente. Então o mundo tem muitos tesouros para ela. Ela nunca se apega, pois, no momento em que se apega, ela adormece.

O vencedor semeia o ódio porque o perdedor sofre.

Esqueça-se do ganhar e do perder e encontre a alegria.

Como encontrar a alegria? Deixe que sua ambição desapareça; a ambição é a barreira. Ambição significa uma viagem de ego: "Quero ser isso, quero ser aquilo, mais dinheiro, mais poder, mais prestígio." Lembre-se: *O vencedor semeia o ódio porque o perdedor sofre. Esqueça-se do ganhar e do perder e encontre a alegria.* Se você quiser encontrar a alegria,

Viva em alegria

171

esqueça-se do ganhar e do perder. A vida é uma brincadeira, um jogo. Jogue-o lindamente, esqueça-se de tudo sobre o perder e o ganhar.

O verdadeiro espírito esportivo não se refere ao ganhar e ao perder; essa não é sua preocupação real. Quem tem esse espírito gosta de jogar; esse é o jogador real. Se você estiver jogando para ganhar, jogará com tensão, com ansiedade e não estará interessado no jogo em si, na sua alegria e no seu mistério; você estará mais interessado no resultado, e essa não é a maneira correta de viver no mundo.

Viva no mundo sem qualquer idéia do que irá acontecer. Se você vai ser um vencedor ou um perdedor, isso não importa, pois a morte tira tudo... Se você perder ou ganhar, é irrelevante... A única coisa que importa e que sempre é relevante é como você jogou o jogo. Você o desfrutou, desfrutou o jogo em si? Se você o desfruta, então cada momento é um momento de alegria.

SOBRE **OSHO**

Osho desafia categorizações. Suas milhares de palestras abrangem desde a busca individual por significado até os problemas sociais e políticos mais urgentes que a sociedade enfrenta hoje. Seus livros não são escritos, mas transcrições de gravações em áudio e vídeo de palestras proferidas de improviso a plateias de várias partes do mundo. Em suas próprias palavras, "Lembrem-se: nada do que eu digo é só para você... Falo também para as gerações futuras".

Osho foi descrito pelo *Sunday Times*, de Londres, como um dos "mil criadores do século XX", e pelo autor americano Tom Robbins como "o homem mais perigoso desde Jesus Cristo". O jornal *Sunday Mid-Day*, da Índia, elegeu Osho – ao lado de Buda, Gandhi e o primeiro-ministro Nehru – como uma das dez pessoas que mudaram o destino da Índia.

Sobre sua própria obra, Osho afirmou que está ajudando a criar as condições para o nascimento de um novo tipo de ser humano. Muitas vezes, ele caracterizou esse novo ser humano como "Zorba, o Buda" – capaz tanto de desfrutar os prazeres da terra, como Zorba, o Grego, como de desfrutar a silenciosa serenidade, como Gautama, o Buda.

Como um fio de ligação percorrendo todos os aspectos das palestras e meditações de Osho, há uma visão que engloba tanto a sabedoria perene de todas as eras passadas quanto o enorme potencial da ciência e da tecnologia de hoje (e de amanhã).

Osho é conhecido pela sua revolucionária contribuição à ciência da transformação interior, com uma abordagem de meditação que leva em conta o ritmo acelerado da vida contemporânea. Suas singulares meditações ativas **OSHO** têm por objetivo, antes de tudo, aliviar as tensões acumuladas no corpo e na mente, o que facilita a experiência da serenidade e do relaxamento, livre de pensamentos, na vida diária.

Dois trabalhos autobiográficos do autor estão disponíveis:

Autobiografia de um Místico Espiritualmente Incorreto, publicado por esta mesma Editora.

Glimpses of a Golden Childhood (Vislumbres de uma Infância Dourada).

OSHO INTERNATIONAL MEDITATION RESORT

Localização

Localizado a cerca de 160 quilômetros a sudeste de Mumbai, na florescente e moderna cidade de Puna, Índia, o **OSHO** International Meditation Resort é um destino de férias diferente. Estende-se por 28 acres de jardins espetaculares numa bela área residencial cercada de árvores.

OSHO Meditações

Uma agenda completa de meditações diárias para todo tipo de pessoa, segundo métodos tanto tradicionais quanto revolucionários, particularmente as Meditações Ativas **OSHO**®. As meditações acontecem no Auditório **OSHO**, sem dúvida o maior espaço de meditação do mundo.

OSHO Multiversity

Sessões individuais, cursos e *workshops* que abrangem desde artes criativas até tratamentos holísticos de saúde, transformação pessoal, relacionamentos e mudança de vida, meditação transformadora do cotidiano e do trabalho, ciências esotéricas e abordagem "Zen" aos esportes e à recreação. O segredo do sucesso da **OSHO** Multiversity reside no fato de que todos os seus programas se combinam com a meditação, amparando o conceito de que nós, como seres humanos, somos muito mais que a soma de nossas partes.

OSHO Basho Spa

O luxuoso Basho Spa oferece, para o lazer, piscina ao ar livre rodeada de árvores e plantas tropicais. Jacuzzi elegante e espaçosa, saunas, academia, quadras de tênis... tudo isso enriquecido por uma paisagem maravilhosa.

Cozinha

Vários restaurantes com deliciosos pratos ocidentais, asiáticos e indianos (vegetarianos) a maioria com itens orgânicos produzidos especialmente para o Resort **OSHO** de Meditação. Pães e bolos são assados na própria padaria do centro.

Vida noturna

Há inúmeros eventos à escolha com a dança no topo da lista! Outras atividades: meditação ao luar, sob as estrelas, shows variados, música ao vivo e meditações para a vida diária. Você pode também frequentar o Plaza Café ou gozar a tranquilidade da noite passeando pelos jardins desse ambiente de contos de fadas.

Lojas

Você pode adquirir seus produtos de primeira necessidade e toalete na Galeria. A **OSHO** Multimedia Gallery vende uma ampla variedade de produtos de mídia **OSHO**. Há também um banco, uma agência de viagens e um Cyber Café no *campus*. Para quem gosta de compras, Puna atende a todos os gostos, desde produtos tradicionais e étnicos da Índia até redes de lojas internacionais.

Acomodações

Você pode se hospedar nos quartos elegantes da **OSHO** Guesthouse ou, para estadias mais longas, no próprio *campus*, escolhendo um dos pacotes do programa **OSHO** Living-in. Há além disso, nas imediações, inúmeros hotéis e *flats*.

> http://www.osho.com/meditationresort
> http://www.osho.com/guesthouse
> http://www.osho.com/livingin

Para maiores informações: **http://www.OSHO.com**

Um *site* abrangente, disponível em vários idiomas, que disponibiliza uma revista, os livros de Osho, palestras em áudio e vídeo, **OSHO** biblioteca *on-line* e informações extensivas sobre o **OSHO** Meditação. Você também encontrará o calendário de programas da **OSHO** Multiversity e informações sobre o **OSHO** International Meditation Resort.

Websites:

> http://**OSHO**.com/AllAbout**OSHO**
> http://**OSHO**.com/Resort
> http://**OSHO**.com/Shop
> http://www.youtube.com/**OSHO**international
> http://www.Twitter.com/**OSHO**
> http://www.facebook.com/pages/**OSHO**.International

Para entrar em contato com a **OSHO International Foundation**:

> http://www.osho.com/oshointernational
> E-mail: oshointernational@oshointernational.com